Gedanken
weiser Männer

Ausgewählt von Leo Tolstoi,
übersetzt von Adolf Heß

Band-Signatur
TFb_B017

Tolstoi-Friedensbibliothek
Reihe B | Band 17

Herausgegeben von
Peter Bürger

Gedanken weiser Männer

Ausgewählt von Leo Tolstoi,
übersetzt von Adolf Heß

Neuedition der deutschen Ausgabe 1904,
bearbeitet von Ingrid von Heiseler

Tolstoi Friedensbibliothek

TFb_B017

Die TFb-Buchausgaben
folgen dem Editionsprojekt
www.tolstoi-friedensbibliothek.de

© 2024

Leo N. Tolstoi

GEDANKEN WEISER MÄNNER

Ausgewählt von Leo Tolstoi,
übersetzt von Adolf Heß, 1904
Neu ediert von Ingrid von Heiseler

Tolstoi-Friedensbibliothek: Band-Signatur TFb_B017

Herausgeber, Redaktion & Gestaltung: Peter Bürger
www.tolstoi-friedensbibliothek.de
Umschlagmotiv: Tolstoi im Jahr 1908,
Fotograf Karl Bulla (1855-1929)
commons.wikimedia.org

Herstellung & Verlag: BoD – Books on Demand, Norderstedt
ISBN: 978-3-7583-7124-0

Inhalt

Erstausgabe der deutschen Übersetzung, 1904
(Exemplar der Tolstoi-Friedensbibliothek)

Der russischen Ausgabe dieses neuesten Werkes von Tolstoi, das mit Genehmigung des Verfassers hier zum ersten mal in deutscher Sprache erscheint, ist folgende Vorbemerkung über die Entstehung beigegeben.

Während der schweren Krankheit L. N. Tolstois im Januar 1903, als sein Leben an einem seidenen Faden hing und er der gewohnten Arbeit nicht nachgehen konnte, fand er doch die Kraft, täglich im Neuen Testament und auf einem Kalender im Schlafzimmer die Aussprüche verschiedener großer Männer zu lesen. Aber das Jahr und mit ihm der Kalender ging zu Ende und nun entstand in Tolstoi der Wunsch, sich selbst Auszüge aus verschiedenen Denkern für jeden Tag zusammenzustellen. Täglich vom Bette aus, soweit es seine Kräfte erlaubten, machte er diese Auszüge (fügte auch eigenes hinzu), und als Resultat dieser Arbeit erscheint nun vorliegendes Buch. –

Selten ist ein Werk bescheidener, anspruchsloser an die Öffentlichkeit getreten; selten erschien eins mehr geeignet, sich Gebildete wie Ungebildete zu Freunden zu machen.

Zu Tolstois „Gedanken weiser Männer" haben die größten Denker aller Völker und Zeiten eine Fülle von Lebensweisheit beigesteuert, und einer der führenden Geister unserer Zeit hat sie geformt, gesichtet, geordnet und um eigene Beiträge vermehrt. Dazu der glückliche Gedanke, für jeden Tag einen oder mehrere Aussprüche, Reflexionen und kleine Erzählungen als Leitstern, als geistiges Programm aufzustellen, nach dem wir unser Verhalten gegen uns und andere richten, durch dessen Befolgung wir unserem Dasein Zweck und Ziel verleihen und zugleich einen Prüfstein und Wertmesser für unsere Handlungen finden – ich denke, *diesem* Werke mit der einzigen Tendenz hingebender Nächstenliebe, die doch schließlich das A und O aller Weltweisheit bildet, müßte jeder von Herzen zugetan sein!

Es gibt andere ähnliche Sammlungen: Blütenlesen, Lichtstrahlen, Weisheitsperlen, Gedankensplitter, und wie sie alle heißen – oft recht geistreiche Sachen, die namentlich den Verstand beschäftigen und der Unterhaltung dienen – von Tolstois „Gedanken weiser Männer" unterscheiden sie sich schon dadurch, daß in diesem Werk nichts ohne sittlichen Kern Aufnahme gefunden hat, und daß sein Zweck der der Läuterung nicht bloßer Unterhaltung ist. Dann aber steht Tolstois Werk in bezug auf Auswahl, Anlage und Inhalt einzig da.

Tolstoi hat aus dem, was die Menschheit in religiöser, moralischer, philosophischer Arbeit bisher geleistet hat, das Beste und Einfachste, was den Sinn des Lebens am klarsten und deutlichsten ausdrückt, herausgesucht, hat es unserer Zeit verständlich gemacht und dadurch von selbst zur Nachahmung empfohlen. Kein Zufall, daß die bedeutendsten Religionsstifter und Moralverkünder: Lao-Tse, Confucius, Buddha und Christus so sehr häufig vertreten sind; daß auch sonst der Orient, dessen Weisheit Tolstoi hoch schätzt, mit chinesischen, indischen und arabischen Sprichwörtern – Rechenpfennigen der Weltweisheit, die ihren Brüdern in Gold an Wert nicht nachstehen, recht häufig zu Worte kommt.

Neben dem Orient sind die griechische Philosophie mit Plato und seinem Schüler Aristoteles spärlich, die römischen Stoiker Seneca, Epiktet und Marc Aurel dagegen reichlich vertreten; namentlich zu Epiktet, dem Vater des „Ertrage und entbehre", scheint Tolstoi eine Art Seelenverwandtschaft hinzuziehen.

Unter neueren Autoren sind acht Engländer erwähnenswert, darunter der Begründer des Utilitarismus: Bentham, John Lubbock, der Goethe- und Schillerbiograph und eifrige Apostel der Arbeit: Carlyle, sowie namentlich der viel zu wenig gelesene Lieblingsschriftsteller Tolstois: John Ruskin, der manche Berührungspunkte mit Tolstoi hat. Unter den Franzosen nimmt Pascal neben Voltaire, Rousseau, Vauvenargues und Ed. Rod bei weitem den bedeutendsten Raum ein, während wir Deutschen trotz der Namen Luther, (Spinoza) Kant und Schopenhauer, Goethe, Schiller, Klinger, Humboldt, Rückert, Jean Paul u. a. im ganzen nur fünfzehn mal zu Worte kommen. Außer Tolstois zahlreichen eigenen für diesen Zweck verfaßten Beiträgen sind von russischen Autoren Dostojewski und Gontscharow zu nennen, und den letzten Beitrag am 31. Dezember hat der soeben verstorbene Herbert Spencer geliefert. Im ganzen umfaßt die Sammlung 56 Autoren und 659 einzelne Abschnitte von sehr verschiedener Länge.

Was die Zusammenstellung betrifft, so beruht der Hauptreiz neben dem Inhalt auf der Zusammengehörigkeit, dem geistigen Band, das mehrere Sprüche desselben Tages umschlingt und sie als Teile eines Ganzen erscheinen läßt, die sich gegenseitig erläutern und ergänzen. So entsteht bisweilen ein innerer Zusammenhang zwischen Autoren, deren Anschauungen durch Welten von einander getrennt sind. Diese Zusammenstellung, die ungeahnte Ausblicke auf die Einheit menschlichen Denkens eröffnet, konnte nur ein universeller Geist wie Tolstoi vornehmen.

Marc Aurel, der römische Kaiser, erläutert auf diese Weise die Worte des Erlösers am Kreuze: „Vater, vergib ihnen, denn sie wissen nicht, was sie tun"; der Heide schreibt: „Die Seele des Menschen wendet sich nicht freiwillig, sondern durch Gewalt von der Wahrheit, Gerechtigkeit und dem Guten ab; je mehr du das begreifst, um so sanftmütiger wird dein Verhalten gegen die Menschen sein." (25. Januar.) „Kleine Leiden bringen uns außer uns, große bringen uns wieder zu uns" – schreibt Jean Paul. „Leiden ist das wahre Leben; was wäre ohne Leiden in ihm für Vergnügen?" (Dostojewski) „Jeder neue Wunsch ist der Anfang neuer Not, der Keim neuen Leidens" (Voltaire), wozu man, um den Kreis zu schließen, noch anführen könnte Meister Eckhards: „Das schnellste Tier, das euch trägt zur Vollkommenheit, das ist Leiden." Neben Ruskins treffenden Worten: „Mancher Reichtum ist von Tränen schwer, wie eine schlechte Ernte von unzeitigen Regen", steht die chinesische Weisheit: „Arm sein und keine bösen Empfindungen haben, ist schwer. Dagegen ist es sehr leicht, reich zu sein und sich nicht damit zu brüsten." (8. Juli) – Die strengen Talmudsprüche: „Wenn die Güte eines Weibes unendlich ist, so kennt auch ihre Bosheit bisweilen keine Grenzen" und „Ein gutes Weib ist für den Mann eine kostbare Gabe, ein böses aber eine Eiterbeule" mildert und ergänzt Ruskins tiefsinniges: „Der Weg eines guten Weibes ist wirklich mit Blumen bestreut, aber sie liegen hinter ihren Schritten, nicht vor ihnen." (23. Februar)

Wundervolle Blüten uralter, indischer Poesie wechseln mit volltönender Weisheit der Brahmanen und chinesischen, von Formelkram wunderlich umrankten Sentenzen, vertraute Apostelworte werden von römischen Stoikern erläutert; auf französischen Scharfsinn folgt deutsche Gründlichkeit; englischer Gemessenheit russische Entsagung und Nächstenliebe aus dem Munde ihres konsequentesten Vertreters: Tolstoi.

Daß die Auswahl nicht einseitig getroffen ist, sondern daß alle Gebiete des Lebens berücksichtigt sind, braucht kaum noch *besonders* betont zu werden. Gerade wir Deutschen, die dem großen Gewissensrat und Beichtvater der Russen stets, wenn auch nicht immer das richtige, so doch ein sehr reges Interesse entgegengebracht haben, finden in diesem Werk besonders viel Neues und Beherzigenswertes. Und wer Tolstoi selbst sucht, der findet ihn hier so gut, wie nur in irgend einer seiner Schriften.

Nicht nur der starke soziale Zug, der alle neueren, wegen ihres radikalen Charakters vielfach auf Widerspruch stoßenden Prosaschriften wie ein roter Faden durchzieht, und der in Ruskins schlichten Worten gipfelt, daß den Armen nicht mit Almosen, sondern mit Gerechtigkeit geholfen wird – auch Tolstois eigenartige, den Bedürfnissen des vierten Standes gerecht werdende Kunstauffassung, die in der Schrift „Was ist Kunst" begründet ist, findet sich hier klipp und klar in Ruskins: „Die Kunst ist nur dann am Platze, wenn sie dem Nutzen untergeordnet ist. Sie erweist sich als schädlich, wenn sie nur angenehm ist, den Menschen aber nicht hilft, die Wahrheit zu finden." Dagegen ist Tolstois wie eine Offenbarung wirkende Definition, daß es sich bei der Kunst stets um die Übermittelung von Gefühlen handelt, ausschließlich sein Eigentum.

Die Wertschätzung der körperlichen Arbeit, des Handwerks, der Landwirtschaft gegenüber einseitiger Verstandestätigkeit im Zeitalter des Dampfes und der Elektrizität, Anklagen gegen die Reichen, gegen vermeintliche Volksbeglücker, gegen das zeitgenössische Christentum, falsche Bildung, Könige, Orden und Ehrenzeichen – alles das findet sich auch hier. Aber in erster Linie klingt aus den von Todesahnungen durchzitterten „Gedanken" der Ton des Friedens, der Barmherzigkeit, der Hingebung an andere und namentlich tiefsinnige Weisheit, die in allem Irdischen, Vergänglichen nur ein Gleichnis sieht und immer wieder zum Aufgehen in dem großen allgemeinen Welten-Ich mahnt.

Im übrigen bedarf ein Werk von Tolstoi keiner besonderen Empfehlung: es spricht für sich, durch sich; dieses Buch der Weltweisheit so gut wie manche andere z. T. noch wenig bekannte Schriften, die man oft suchen muss, wie Bilder alter Meister.

Die „Gedanken" mit gelehrten Noten im Text beschweren schien mir dem Charakter des Buches zu widersprechen; dagegen habe ich einige Erläuterungen und Parallelstellen am Schlusse anzufügen mir erlaubt.[1] Die Übersetzung sucht dem russischen Original und dem Sinn der Gedanken zu entsprechen; Bibelstellen sind im Deutsch der Gegenwart wiedergegeben. Ein Vergleich sämtlicher „Gedanken" mit den Urtexten hat, abgesehen von der großen Arbeit, schon deswegen wenig Sinn, weil Tolstoi selbst nicht auf die Urtexte zurückgegangen ist, sondern meistens russische Übersetzungen benutzt hat. Bei Pascal, Epiktet, Marc Aurel u. a. m. sind wesentliche Abweichungen vom Wortlaut, nicht vom Sinne des Originals nachweisbar. Tolstoi hat die Auszüge nicht einfach übernommen, sondern auch zusammengestellt und dem Rahmen des Ganzen angepaßt; er schreibt nicht für Gelehrte, sondern für die Welt, sein Buch ist kein wissenschaftliches, sondern ein Buch für jedermann. Möchte es jedermann lesen.

Oldenburg, 31. Dezember 1903

Dr. A d o l f H e ß

---

[1] [In der hier vorgelegten Neuedition der deutschen Ausgabe werden diese Anmerkungen des Übersetzers jedoch als *Fußnoten* dargeboten.]

LEO TOLSTOY

—*Drawing by Dart*

„Wer ist ein Held?
Der seinen Feind in einen
Freund verwandelt."
(Talmud)

Gedanken weiser Männer

(Mysli mudrych ljudej na každyj den', 1903)

Ausgewählt
von Leo N. Tolstoi

Mit Genehmigung des Verfassers
deutsch herausgegeben von Adolf Heß[1]

1. Januar

Eines Wintermorgens ging Franziskus mit seinem Bruder Leo von
Perugia nach Portiuncula; es war so kalt, daß sie vor Frost zitterten.
Franziskus rief seinen Bruder Leo, der voraufging, und sprach zu
ihn: „O, Bruder Leo, gebe Gott, daß unsereins in der ganzen Welt
einen heiligen Lebenswandel führe; schreib aber, daß nicht darin
das Heil beruhe."

Nachdem sie etwas weiter gegangen, rief Franziskus wieder seinen Bruder Leo.

„Und schreib weiter, Bruder Leo, daß, wenn unsereins Kranke
heilt, Teufel austreibt, Blinde sehend macht oder Tote nach vier Tagen auferweckt – schreib, daß auch dann nicht das Heil vollendet
sei!"

Und als sie noch weiter gegangen waren, sprach Franziskus zu
Leo: „Schreib ferner, Bruder Leo, daß, wenn unsereins alle Sprachen,
alle Wissenschaften und alle Schriften kennte, wenn er nicht nur Zu-
künftiges voraussagte, sondern alle Geheimisse des Herzens und
der Seele kennte, – schreib, daß auch darin nicht das Heil beruhe."

---

[1] Textquelle | Leo TOLSTOI: *Gedanken weiser Männer*. Mit Genehmigung des Ver-
fassers deutsch herausgegeben von Adolf Heß. München: Albert Langen Verlag
für Litteratur und Kunst 1904.

Und als sie noch weiter gegangen waren, rief Franziskus wieder Leo und sprach: „Und schreib weiter, Bruder Leo, Lamm Gottes, daß, wenn wir gelernt hätten, in Engelszungen zu reden, wenn wir den Gang der Gestirne kennten, und wenn uns alle Geheimisse der Erde offenbar wären und wir alles Verborgene im Leben der Vögel, Fische, aller Tiere, Menschen, Bäume, Steine und Gewässer wüßten – schreib, daß auch das nicht die ganze Seligkeit sei."

Und nachdem sie noch ein wenig gegangen, rief Franziskus wieder seinen Bruder Leo und sprach zu ihm: „Schreib ferner, daß, wenn wir solche Propheten wären, daß wir alle Heiden zum christlichen Glauben bekehrten, – schreib, daß auch dann nicht das Heil erfüllt sei."

Da sprach Bruder Leo zu Franziskus: „Wann ist dann das Heil erfüllt, Bruder Franziskus?"

Und Franziskus antwortetet: „Dann ist es erfüllt. Es ist erfüllt, wenn, nachdem wir schmutzig, naß, erstarrt vor Kälte und Hunger in Portiuncula angelangt sind und um Einlaß bitten, der Pförtner uns aber sagt: „Ihr Strolche treibt euch in der Welt umher, stehlt armen Leuten das Almosen: schert euch fort von hier!" – und uns nicht öffnet. Wenn wir dann uns nicht gekränkt fühlen, sondern mit Demut im Herzen und Liebe denken, daß der Pförtner recht hat, daß Gott selbst ihm eingegeben, so mit uns umzugehen – und wir naß, kalt und hungrig, ohne Murren gegen den Pförtner, bis zum Morgen im Schnee und im Wasser bleiben – dann, Bruder Leo, erst dann ist das Heil erfüllt."[1]

---

[1] Aus dem „Leben des heil. *Franciscus von Assisi*", von Sabbatier, übersetzt ins Russische. – Franz von Assisi, Stifter des Ordens der Bettelmönche 1182-1226, Sohn eines reichen Kaufmanns, griff ähnlich wie Buddha freiwillig zum Bettelstab. Bekannt ist die Erzählung, wie er als junger Fant auf einem Ball, wo die Töchter der Vornehmen beisammensaßen, gefragt wurde: „Nun, Herr Franz, werdet Ihr nicht bald eine Wahl unter diesen Schönen treffen?" – und erwiderte: „Eine viel Schönere habe ich mir ausersehen!" – „Welche denn?" – „Die Armut" – und worauf er alles verließ und als Bettler das Land durchzog.

2. Januar

Die Menschen bemühen, beunruhigen und erregen sich nur dann, wenn sie mit äußeren Dingen beschäftigt sind, die nicht von ihnen abhängen. In solchen Fällen fragen sie sich ängstlich: „Was soll ich tun, was wird, was folgt daraus; wie könnte dies oder das geschehen?" So geht es bei denen, die sich stets um ihnen nicht zukommende Dinge kümmern.

Umgekehrt wird jemand, der sich mit dem beschäftigt, was von ihm abhängt und sein Leben an Vervollkommnung seines Ich setzt, sich nicht in dieser Weise ängstigen. Selbst wenn er sich darüber beunruhigt, ob es ihm an der Wahrheit festzuhalten und Lügen zu vermeiden gelinge, würde ich ihm sagen: beruhige dich – was dich beunruhigt, liegt in deiner Hand; gib nur acht auf deine Gedanken und deine Handlungen und bemühe dich auf jede Art und Weise um deine Besserung. So sprich auch nicht: „Was wird wohl geschehen?" Du machst dir eben alles, was geschieht, zur Lehre und zum Nutzen.

„Wenn ich aber im Kampf mit den Widerwärtigkeiten sterbe?" – „Was tut das? In solchem Falle stirbst du den Tod eines ehrlichen Mannes in Vollbringung dessen, was deine Pflicht war. Sterben mußt du so wie so, und bei irgend etwas wird der Tod dich stets überraschen. Ich wäre zufrieden, wenn der Tod mich bei einer menschenwürdigen Tätigkeit ereilte, einer guten, allen Menschen nützlichen Beschäftigung; oder möchte er mich in einem Augenblick erreichen, wo ich mich um meine Besserung bemühe. Dann könnte ich die Hände zu Gott aufheben und zu ihm beten: „O Herrgott! Du weißt selbst, wie weit ich die Gaben benutzt, die du mir zum Verständnis deiner Gebote verliehen hast. Habe ich dir Vorwürfe gemacht? Mich gegen mein Geschick aufgelehnt? Bin ich der Pflichterfüllung ausgewichen? Ich danke dir dafür, dass ich geboren bin, und für alle deine Gaben. Ich habe hinreichend von ihnen Gebrauch gemacht: nimm sie zurück und schalte damit nach deinem Belieben – sie sind dein."

Kann es einen schöneren Tod geben? Und um zu solchem Lebensende zu gelangen, brauchst du nicht viel zu verlieren, obgleich du viel dadurch gewinnst. Wenn du aber festhalten willst, was dir nicht gehört, verlierst du sicher auch, was dir gehört.

Wer in weltlichen Dingen Erfolg haben will, schläft ganze Nächte lang nicht, müht sich ab und macht sich stets Sorgen, lebt den Großen zu Gefallen und handelt überhaupt wie ein gewöhnlicher Mensch. Und was erreicht er schließlich mit alledem? Er erreicht, daß man ihm gewisse Ehrenbezeugungen erweist, ihn fürchtet, und daß er als Vorgesetzter gewisse Anordnungen trifft. Willst du dich wirklich nicht wenigstens etwas von diesen Sorgen freizumachen suchen und ruhig schlafen, ohne Furcht und ohne Qualen? Wisse aber, daß eine derartige Ruhe im Innern nicht ohne Opfer zu erreichen ist.

(Epiktet)[2]

3. Januar

Hört unser Leben mit dem leiblichen Tode auf? Das ist eine Frage von allergrößter Wichtigkeit, über die selten jemand nicht nachdenkt. Je nachdem wir an ein ewiges Leben glauben oder nicht glauben, fallen unsere Handlungen vernünftig oder unvernünftig aus. Jede vernünftige Handlung hat den festen Glauben an die Unvergänglichkeit des weltlichen Lebens zur Voraussetzung.

Unser Hauptbemühen muß deswegen dahin gehen, daß wir zu begreifen und verstehen suchen, was eigentlich im Leben unvergänglich ist. Einige Menschen bemühen sich mit aller Kraft, sich das klar zu machen. Sie geben zu, daß hiervon ihr ganzes Leben abhängen muß.

Andere, die an der Unsterblichkeit zweifeln, quälen sich dennoch redlich mit ihren Zweifeln und halten sie für ihr allergrößtes Unglück. Sie lassen sich nichts leid tun; um nur die Wahrheit zu erforschen, suchen sie unablässig und halten dieses für die Hauptarbeit ihres Lebens.

---

[2] *Epiktet,* römischer Sklave zur Zeit des Nero. Öffentlicher Lehrer, Stoiker, d. h. Anhänger der philosophischen Richtung, die die Tugend für die alleinige Aufgabe des Menschen erklärte. E.s Grundsatz: „Halte aus und enthalte dich." Seine „Gespräche" sind durch Arrian aufgezeichnet und uns überliefert.

Es gibt aber auch Leute, die ganz und gar nicht darüber nachdenken. Ihre Sorglosigkeit da, wo es sich um ihr eigenes Geschick handelt, wundert, empört und erschreckt mich zugleich.

(Blaise Pascal)[3]

4. Januar

Richtet nicht, damit ihr nicht gerichtet werdet! Denn mit welchem Gericht ihr richtet, werdet ihr gerichtet werden; und mit welchem Maß ihr meßt, wird euch gemessen werden. Was siehst du den Splitter im Auge deines Bruders, bemerkst aber nicht den Balken in deinem Auge! Oder wie kannst du zu deinem Bruder sagen: halt, ich will dir den Splitter aus deinem Auge ziehe, während in deinem Auge ein Balken steckt! Heuchler, zieh erst den Balken aus deinem Auge, und dann sieh zu, wie du den Splitter aus deines Bruders Auge ziehst.

(Matthäus-Evangelium VII, 1-5)

Es ist leicht, die Fehler anderer, aber schwer, die eigenen Fehler wahrzunehmen; die Fehler des Nächsten werden genau untersucht, die eigenen dagegen verborgen, wie der Schelm seinen falschen Würfel zu verbergen sucht.

Der Mensch ist stets geneigt, andere zu tadeln; er blickt nur auf ihre Schwächen; dabei nehmen seine eigenen Leidenschaften stets an Heftigkeit zu und schließen jede Besserung aus.

(Dhammapada)[4]

Verurteile deinen Nächsten nicht, bevor du in seiner Lage warst.

(Talmud)[5]

---

[3] *Blaise Pascal*, franz. Mathematiker und Philosoph 1623-1662, Schrieb u. a. Pensées sur la réligion", aus denen P.s Beiträge zu diesem Werk herrühren.

[4] *Dhammapada* zu deutsch „Lehr-Sprüche". Sanskrit: Dharma (Pali: Dhamma) heißt: Wahrheit, Regel, Gesetz. Es ist eine Sammlung von 431 Versen, die in höchst poetischer Sprache buddhistische Lehren mitteilen. Die Entstehung ist nicht genau bekannt.

[5] *Talmud* – zu deutsch „Belehrung", Gesetzessammlung des orthodoxen Judentums nebst Erklärung. Durch tausend Jahre fortgeführt. Die Entstehung fällt in

5. Januar

Eins wissen wir oder können wir wissen, wenn wir wollen, nämlich daß Herz und Gewissen des Menschen göttlich sind, daß in der Verneinung des Bösen und der Bejahung des Guten der Mensch selbst als verkörperte Gottheit erscheint; daß seine Freude an der Liebe, sein Leiden unter Zorn, seine Entrüstung beim Anblick von Ungerechtigkeit, sein Lob der Selbstaufopferung als immerwährende unwiderlegliche Beweise seiner Einheit mit der höchsten Macht gelten; daß hierin und nicht in körperlichen Vorzügen oder der großen Verschiedenheit der Instinkte seine herrschende Stellung über der niederen belebten Welt liegt. In welchem Maße er aber die Gebote des Herzens und Gewissens übertritt, schändet er den Namen des Vaters im Himmel und entheiligt seinen Namen auf Erden; soweit er ihnen aber gehorcht, heiligt er seinen Namen und empfängt von der Fülle seiner Macht. (John Ruskin)[6]

6. Januar

Wessen Glaube schwach ist, der kann auch in anderen Glauben nicht erwecken. (Lao-Tse)[7]

Der ganzen Welt Sünde ist im wesentlichen Judas' Sünde. Die Menschen glauben nicht nur nicht an ihren Christus, sondern sie verraten ihn. (John Ruskin)[8]

---

die Zeit der Rückkehr aus der babylonischen Gefangenschaft. Eine vollständige Übersetzung zugleich kritischer Art fehlt noch immer.

[6] *John Ruskin* 1819-1900. Bedeutender englischer Kunstkritiker und Ästhetiker. Zugleich eine Art Prophet und Warner. Viel Ähnlichkeit mit Tolstoi auch äußerlich. Durchaus originell in jedem seiner äußerst zahlreichen Werke. Als Prediger der Lebensweisheit von einzig dastehender Bedeutung.

[7] *Lao-Tse*, chinesischer Weiser und Religionsstifter, lebte im 6. Jahrhundert v. Chr. Seine Anhänger die Taossee. Schrieb das Tao-teh-king, die Lehre von der Vernunft als innerer Weltordnung und dem „Tao", dem Weg zum Heile, zur Erlösung von der Welt. Die Lehre hat viel Ähnlichkeit mit dem Buddhismus.

[8] Vergl. hiermit *Ruskin* am 16. September.

Wer sein Leben in das Licht des Verstandes gerückt hat und diesem dient, für den kann es keine verzweifelte Lebenslage geben, der kennt keine Gewissensqualen, fürchtet nicht die Einsamkeit und sucht keine lärmende Gesellschaft – ein solcher Mensch besitzt das höchste Leben, er läuft nicht vor den Menschen fort und rennt ihnen nicht nach. Ihn beunruhigen nicht Gedanken darüber, ob seine Seele auf lange Zeit in die Hülle des Leibes eingeschlossen ist; die Handlungen eines solchen Mannes werden immer gleich sein, sogar angesichts des nahen Endes. Sein einziges Trachten geht dahin, vernünftig, in friedlicher Gemeinschaft mit den Menschen zu leben.

(Marc Aurel)[9]

8. Januar

Die Gottesfürchtigen, Männer der Tat, sprechen: Heil unserer Jugend, die unser Alter nicht schändet.

Die Reumütigen sprechen: Heil unserm Alter, das unsre Jugend entsühnt.

Aber die einen und die anderen sprechen: Wohl dem, der ohne Sünde ist; wer aber gesündigt hat, tue Buße, bessere sich, und ihm wird vergeben.

(Talmud)

9. Januar

Wer auf den Zehen steht, kann nicht lange stehen. Wer sich selbst vordrängt, kann nicht glänzen. Wer mit sich selbst zufrieden ist, kann nicht berühmt werden. Wer sich rühmt, kann keine Verdienste haben. Wer stolz ist, kann nicht emporsteigen. Vor dem Urteil der Vernunft sind solche Leute ähnlich dem Speiseauswurf und erregen den Abscheu aller. Deswegen verläßt sich, wer Vernunft besitzt, nicht auf sich selbst.

(Lao-Tse)

---

[9] *Marc Aurel*, edler römischer Kaiser 121-180, Philosoph, Anhänger der stoischen Richtung, schrieb „Selbstbetrachtungen" in griechischer Sprache, in manchen Stücken mit dem Christentum übereinstimmend. Kirchenvater Augustinus sagte, daß M. A.s Leben die Nachahmung der Christen verdiene.

10. Januar

Wer seinen Nächsten haßt, der vergießt Menschenblut.

(Talmud)

Wessen Bosheit keine Grenzen hat, – und wer von ihr umstrickt ist, wie von Teufelszwirn[10], der bringt sich selbst bald dahin, wohin ihn sein schlimmster Feind haben möchte.

Frisch gemolkene Milch wird nicht gleich sauer; eine böse Tat trägt nicht sofort Früchte, sondern, wie das zugedeckte Feuer in der Grube, brennt sie unter der Oberfläche weiter und martert den Toren.

(Dhammapada)

11. Januar

Und siehe, einer trat zu ihm und sagte: Guter Meister, was soll ich Gutes tun, um das ewige Leben zu erlangen? Jesus sprach zu ihm: Willst du vollkommen sein, so gehe hin, verkaufe dein Besitztum und gib den Erlös den Armen; dann wirst du einen Schatz im Himmel haben; darauf komm und folge mir nach.

(Matthäus-Evangelium XIX, 16, 21)

Wie gefühllos und gleichgültig gegen fremdes Leid ist doch ein reicher Mann.

(Talmud)

---

[10] *Flachsseide, Teufelszwirn* (Cuscuta europaea), nach Rhys Davids das *Biranagras,* eines der schlimmsten Unkräuter, das in den Reisfeldern vorkommt, dessen Wurzeln sehr tief in den Boden hinabgehen und bei dem sich das kleinste Wurzelendchen, das im Boden zurückbleibt, sehr rasch weiterpflanzt. Ein oft gebrauchtes Bild z. B. Dhammapada, Vers 335: „Wer in der Welt erliegt diesem Durst, dem grimmigen, gifterfüllten, um den mehrt sich der Leiden drängende Schar, wie wuchernd verzweigtes Biranagras" (nach Th. Schultzes Übersetzung).

12. Januar

Hast du deinem Nächsten Böses getan, und sei es auch nur ein geringes, so halte ein solches für ein großes; hast du ihm aber eine große Wohltat erwiesen, so erachte sie als unbedeutend; eine kleine Wohltat dagegen, die dir von anderen erwiesen ist, halte für groß.

Gottes Segen geht auf den herab, der den Armen gibt; doppelter Segen ruht auf dem, der ihnen hierbei freundlich begegnet.

(Talmud)

13. Januar

Der gerade Weg oder die Richtschnur des sittlichen Verhaltens, der man folgen muß, ist den Menschen nicht fern. Wenn sie sich als Richtschnur das wählen, was ihnen fern liegt, d. h. mit ihrer Natur nicht übereinstimmt, so muß man darauf hinweisen, daß jenes nicht als Richtschnur zu wählen ist. Der Zimmermann, der einen Stiel für eine Axt zuhaut, hat vor sich ein Modell dessen, was er macht. Er nimmt den Stiel der Axt, mit der er haut, in die Hand, betrachtet ihn von allen Seiten, und nachdem er den neuen Stiel angefertigt,[11] betrachtet er beide, um zu sehen, wie weit sie einander ähnlich sind; auf diese Weise findet auch ein Weiser, der gegen andere dieselben Gefühle hegt, wie gegen sich, die wahre Richtschnur des Betragens. Er tut anderen nicht, was er nicht wünscht, daß man ihm tue.

(Confucius)[12]

14. Januar

Jedem Geschöpf ist nicht nur nützlich, was ihm von der Vorsehung gesandt wird, sondern es ist ihm auch eben zu der Zeit nützlich, wo es gesandt wird.

(Marc Aurel)

---

[11] Vergl. *Tolstoi*, 11. März.
[12] *Confucius* | *Konfutse*, chinesische Weiser und Religionsstifter 550-478 v. Chr. Seine Lehre mehr Moral als Religion. Schopenhauer nennt sie (nach Übersetzungen) eine breite, gemeinplätzige und überwiegend politische Moralphilosophie. Sie gilt jetzt als allein orthodox.

O, wie glücklich sind wir, zu leben, ohne Haß gegen die, die uns hassen! Wie glücklich, inmitten solcher zu leben, die uns hassen! ...

O, wie glücklich sind wir, frei von Gier unter Gierigen! Mitten unter denen, die von Gier verzehrt werden, leben wir frei von ihr! ...

O, wie glücklich sind wir, nichts das unsrige nennend! Den lichten Göttern[13] gleich, getränkt mit Heiligkeit.[14]

(Dhammapada)

15. Januar

Einfachheit des Lebens, der Sprache, der Sitten verleihen einer Nation Kraft; Luxus, Künstelei der Sprache und Verzärtelung führen dagegen zur Schwäche und zum Untergang.

(John Ruskin)

Die richtige Nationalökonomie ist die, die die Völker nicht wünschen, sondern verachten und sie alles beseitigen lehrt, was zum Untergang führt.

(John Ruskin)

16. Januar

Das Pferd rettet sich vor einem Feinde durch seinen schnellen Lauf, und es ist unglücklich nicht dann, wenn es nicht wie ein Hahn zu krähen vermag, sondern wenn es verloren hat, was ihm eigen: seinen schnellen Lauf.

Der Hund hat Witterung; wenn er dessen beraubt wird, was ihm eigen, nämlich seiner Witterung, so ist er unglücklich; nicht aber, wenn er nicht fliegen kann.

---

[13] Der Buddhismus kennt ursprünglich keinen *Gott*, oder *Götter*, Schöpfer, Ewigkeit usw.

[14] *Heiligkeit:* das vielgedeutete Nirwana, ein sündenloser, ruhiger Gemütszustand. Heiligkeit bedeutet im buddhistischen Sinne: Vollkommenheit in Frieden, Güte und Weisheit.

Genau ebenso wird auch ein Mensch nicht dann unglücklich, wenn er einen Bären, oder Löwen oder böse Menschen nicht bezwingen kann, sondern wenn er verliert, was ihm eigen – Güte und Besonnenheit. Ein derartiger Mensch ist wahrhaftig unglücklich und bedauernswert.

Nicht das ist traurig, daß jemand geboren wird, oder stirbt, daß er sein Geld verliert, sein Haus, seine Habe; alles das gehört nicht zum Menschen. Traurig ist aber, wenn jemand sein wirkliches Besitztum verliert – seine Menschenwürde.

(Epiktet)

17. Januar

Die ganze Welt ist einem einzigen Gesetz unterworfen und allen vernünftigen Wesen wohnt *eine* Vernunft inne. Die Wahrheit ist einzig, und für vernünftige Menschen ist der Begriff der Vollkommenheit auch einzig.

(Marc Aurel)

Alle Güter sind nichts vor dem Gut der Wahrheit; alle Wonnen sind nichts vor der Wonne der Wahrheit; die Seligkeit der Wahrheit übertrifft alle Freuden unermeßlich.[15]

(Dhammapada)

18. Januar

Darum sage ich euch; sorgt nicht um euer Leben, was ihr essen sollt und was trinken, auch nicht um euern Körper, was ihr anziehen werdet. Ist nicht das Leben mehr als die Nahrung, und der Körper mehr als die Kleidung?

(Matthäus-Evangelium VI, 25)

---

[15] *Goethe*: „Das Wahre ist gottähnlich." „Die Weisheit ist nur in der Wahrheit."

Gräm dich nicht um den morgigen Tag, denn du weißt nicht, was heute noch geschieht.

Wer Brot im Korb hat und spricht: was werde ich morgen essen, der gehört zu den Kleingläubigen.

Wer den Tag geschaffen, schafft auch Speise für ihn.

(Talmud)

19. Januar

Wenn ein Weiser die Gebote der Tugend befolgt, verbirgt er es vor den Blicken der Menschen und ist nicht traurig darüber, daß niemand davon weiß.

(Confucius)

Falsche Scham ist ein beliebtes Rüstzeug des Teufels. Er erreicht damit mehr, als selbst mit falschem Stolz. Durch falschen Stolz arbeitet er nur dem Bösen in die Hände, aber durch falsche Scham wirkt er dem Guten entgegen.[16]

(John Ruskin)

20. Januar

Unser Leben ist die Folge unserer Gedanken: es wird in unserem Herzen geboren und geht hervor aus unseren Gedanken. Wenn jemand mit bösen Gedanken spricht oder handelt, folgt ihm unablässiges Leiden, wie das Rad der Ferse des Stieres, der den Wagen zieht.

Unser Leben ist die Folge unserer Gedanken: es wird in unserem Herzen geboren und wird geschaffen durch unsere Gedanken. Wenn jemand mit guten Gedanken spricht oder handelt, folgt ihm Freude, wie ein Schatten, der ihn nie verläßt.

„Er hat mich gekränkt, hat über mich triumphiert, mich unterjocht und mich gedemütigt" – in welchem Herzen solche Gedanken

---

[16] Vergl. *Dhammapada*, 21. Januar.

Unruhe stiften, darin erlischt der Haß niemals.

„Er hat mich gekränkt, hat über mich triumphiert, mich unterjocht" – wer solchen Gedanken keine Zuflucht gewährt, erstickt den Haß in sich für immer.

Denn nicht durch Haß wird Haßgeborenes bezwungen; es wird durch Liebe ausgelöscht – so ist das ewige Gesetz.[17]

(Dhammapada)

21. Januar

Wer sich dessen schämt, was nicht schamhaft ist, und sich des Schamhaften nicht schämt, der ist auf dem Irrwege und gerät ins Verderben.[18]

(Dhammapada)

Ein lobenswerter Zug am Menschen ist seine Schamhaftigkeit; denn wer sich schämt, sündigt nicht leicht.

(Talmud)

22. Januar

Welche Kraft wohnt dem Menschen inne, der stets nach Gottes Willen handelt und Ihm in allen Dingen ergeben ist!

(Marc Aurel)

Das Wesen der Liebe zu Gott besteht im Hinstreben und Hindrängen der Seele zum Schöpfer, um mit ihm in einer höheren Welt sich zu vereinen.

(Talmud)

---

[17] Nach Th. Schultzes *Dhammapada*-Übersetzung: „Haß nie dem Haß weicht, Liebe nur setzt dem Haß ein Ziel." Andere Verse: „Was auch ein Hasser immer dem Hasser, was auch ein Feind zufügen dem Feind möge, weit schlimmer noch ist der Schade, den dein Gemüt mißleitet dir bringt." Und: „Gegen die Hasser haßfrei, so laßt uns suchen im Leben glücklich zu sein. In dieser Welt von Hassern verfolgt, bleibe das Hassen doch ferne von uns."
[18] Vergl. *John Ruskin*, 19. Januar.

23. Januar

Alles das, worüber die Menschen so entzückt sind, um dessen Erwerbung sie sich so bemühen und aufregen, bringt ihnen nicht das geringste Glück. Solange die Menschen sich abmühen, glauben sie, ihr Heil sei in dem, wonach sie trachten. Kaum haben sie aber das Gewünschte erreicht, so beginnen sie wieder, sich aufzuregen, sich zu bekümmern und neidisch auf das zu sein, was sie noch nicht besitzen. Und das ist sehr begreiflich, weil man nämlich nicht durch Befriedigung seiner müßigen Wünsche frei wird, sondern im Gegenteil durch Selbstbefreiung von solchen Wünschen.

Willst du dich davon überzeugen, daß das wahr ist, so verwende auf die Befreiung von deinen müßigen Wünschen wenn auch nur halb so viel Mühe, wie du bislang auf ihre Befriedigung verwendet hast, und du wirst bald sehen, daß du auf diese Weise weit mehr Ruhe und Glück erlangst.

Verlaß die reichen und einflußreichen Leute; hör auf, berühmten und mächtigen gefällig zu sein und dir einzubilden, daß du von ihnen erlangen kannst, was du nötig hast. Suche umgekehrt bei gerechten und verständigen Leuten zu erreichen, was du kannst, und ich versichere dir, du gehst nicht mit leeren Händen von ihnen, wenn du nur mit reinem Herzen und guten Gedanken kommst.

Wenn du mir nicht aufs Wort glaubst, so versuche wenigstens eine Zeitlang, dich solchen Leuten zu nähern und, wenn auch nur einige, Schritte auf dem Weg zur wahren Freiheit zu tun. Dann aber entscheide schon selbst, wohin es dich mehr zieht: zum Guten und zur Freiheit, oder zum Bösen und zur Knechtschaft. Liegt doch in solchem Versuch nichts Schimpfliches. Mach einmal die Probe …

(Epiktet)

24. Januar

Sei wahrhaft auch gegen Kinder: hast du ihnen etwas versprochen, so halte dein Versprechen, sonst erziehst du sie zur Lüge.

(Talmud)

Lehrt ein Kind niemals, wovon ihr selbst nicht überzeugt seid, und wenn ihr ihm in zartem Alter etwas beibringen wollt, wo kindliche Reinheit und die Kraft der ersten Gedankenverbindungen es fest einprägen, so hütet euch vor allen Dingen vor einer Lüge, die euch als solche bekannt ist.[19]

(John Ruskin)

25. Januar

Und als sie an die Stätte kamen, die da heißt Schädelstätte, kreuzigten sie dort ihn und die Verbrecher, einen zur Rechten, den anderen aber zur Linken. Jesus aber sprach: Vater! Vergib ihnen, denn sie wissen nicht, was sie tun.

(Lukas-Evangelium XXIII, 33-34)

Die Seele des Menschen wendet sich nicht freiwillig, sondern durch Gewalt von der Wahrheit, der Gerechtigkeit und dem Guten ab; je mehr du das begreifst, um so sanftmütiger wird dein Verhalten gegen die Menschen sein.[20]

(Mark Aurel)

26. Januar

Kannst du vernünftigerweise jemandem zürnen, der mit irgend einem widerwärtigen Übel behaftet ist? Was kann er dazu, wenn dir seine Nachbarschaft abscheulich ist? Genau so ist es auch mit sittlichen Mängeln.

„Aber," wirst du sagen, „der Mensch besitzt Vernunft, mit deren Hilfe er seine Fehler erkennen kann." Ganz richtig. Mithin besitzt auch du Vernunft und kannst durch vernünftigen Umgang deinen Mitmenschen zum Erkennen seiner Fehler bringen; so zeig also

---

[19] *Goethe*: „Wer viel mit Kindern lebt, wird finden, daß keine äußere Einwirkung auf sie ohne Gegenwirkung bleibt."

[20] Wie wunderbar ist diese Übereinstimmung zwischen Christus und dem heidnischen Kaiser, der, mit der christlichen Lehre gänzlich unbekannt, sogar eine Christenverfolgung aus politischen Gründen geschehen lassen mußte.

deine Vernunft, erweck das Gewissen im Menschen und heil ihn
von seiner Blindheit, ohne Zorn, Ungeduld und Hochmut.

(Marc Aurel)

27. Januar

Im Vergleich mit seiner Umgebung ist der Mensch nicht mehr als
ein schwaches Rohr; aber er ist ein mit Verstand begabtes Rohr.

Irgend eine Kleinigkeit genügt, um ihn zu töten. Und dennoch
steht der Mensch über allen Geschöpfen, über allem Irdischen, weil
er sterbend weiß, daß er stirbt. Der Mensch kann die Hinfälligkeit
seines Körpers vor der Natur erkennen. Die Natur dagegen erkennt
nichts.

Unsere ganze Überlegenheit beruht auf unserer Fähigkeit, zu
denken. Nur der Verstand hebt uns über die übrige Welt empor. Wir
müssen also unseren Verstand schätzen und erhalten, denn er erhellt uns unser ganzes Leben und zeigt uns, was gut und was böse
ist.[21]

(Blaise Pascal)

28. Januar

Wer seine früheren Missetaten später durch gute Werke verdeckt,
glänzt in der finsteren Welt, gleich dem Monde in bewölkter
Nacht.[22]

(Dhammapada)

---

[21] Bei Pascal „*Pensées sur la réligion*" lautet die Stelle etwas anders, wie denn
Tolstoi überhaupt, schon aus äußeren Gründen, Änderungen vorgenommen hat.
[22] Nach Th. Schultzes *Dhammapada*-Übersetzung: „Wer, da er anfangs Böses verübt, später mit guter Tat es bedeckt, der wird für diese Welt eine Leuchte, wie
wenn der Mond die Wolken durchbricht." Tolstoi ist wahrscheinlich auf ande-
rem Wege zu seiner (freien) Übersetzung gelangt, wie Schultze zu seiner (wört-
lichen).

Wohl dem, der seine Sünden bereut, wenn er noch Mann ist.

Bereue, wenn die Kräfte dich noch nicht verlassen haben; gieß Öl nach, wenn der Docht noch nicht erloschen ist.

(Talmud)

29. Januar

Die Wahrheit wird nie und nimmer beiläufig, in der Unterhaltung, erkannt, sondern nur durch Arbeit und scharfe Beobachtung. Und sobald ihr *eine* Wahrheit erlangt habt, erscheinen auch sicherlich zwei andere, schön, wie die ersten Blättchen der Dicotyledonen (zweisamenlappiger Pflanzen).

(John Ruskin)

Kinder halten oft in ihren schwachen Händen eine Wahrheit, die Erwachsene mit ihrer Männerfaust nicht festhalten können und deren Entdeckung den Stolz spätester Jahre bildet.[23]

(John Ruskin)

30. Januar

Wer in der Lüge Wahrheit und in der Wahrheit Lügen erblickt, erreicht niemals die Wahrheit und bewegt sich umsonst in Irrtümern.

Wer aber in der Lüge die Lüge und in der Wahrheit Wahrheit erkennt, der ist der Wahrheit schon nahe, und sein Weg ist der richtige.

Wie in ein schlecht gedecktes Haus unaufhaltsam Regen eindringt, so dringen in ein Herz, das nicht durch Überlegung geschützt ist, leicht die Leidenschaften ein.[24]

(Dhammapada)

---

[23] *Schiller*: „Und was kein Verstand der Verständigen sieht, das übet in Einfalt ein kindlich Gemüt."

[24] Schultze, nach Max Müller *„Sacred Books of the East"* übersetzt ganz ähnlich: „Wie in ein Haus mit undichtem Dache dringet der Regen, so in das Herz dessen, der unnachdenklich dahin lebt, dringt unaufhaltsam Leidenschaft ein."

31. Januar

Die Kunst ist nur dann am richtigen Platze, wenn sie dem Nutzen untergeordnet ist. Ihre Aufgabe besteht darin, zu belehren, aber durch Liebe zu belehren; und sie erweist sich als schimpflich und nicht als erhebend, wenn sie nur angenehm ist, den Menschen aber nicht hilft, die Wahrheit zu entdecken.[25]

(John Ruskin)

Wer blumig und kunstreich mit angenehmen Manieren spricht, besitzt selten die Tugend der Menschenliebe.

(Chinesische Weisheit)

1. Februar

Jesus aber sprach zu seinen Jüngern: Wahrlich, ich sage euch, ein Reicher wird schwerlich ins Himmelreich kommen. Und weiter sage ich euch: Es ist leichter, daß ein Kameel[26] durch ein Nadelöhr gehe, als daß ein Reicher in das Reich Gottes komme.

(Matthäus-Evangelium XIX, 23-24)

Wenn ein Reich nach vernünftigen Grundsätzen regiert wird, muß es sich schämen, wenn Armut und Dürftigkeit herrschen; wenn aber ein Reich nicht nach vernünftigen Grandsätzen regiert wird, muß es sich des Reichtums und der Ehren schämen.

(Chinesische Weisheit)

---

[25] Aus *Ruskins* Munde fallen diese Worte, ähnlich wie aus Tolstois, schwer ins Gewicht. *Goethe* sagt in den „Maximen und Reflexionen": „Die Kunst beschäftigt sich mit dem Schweren und Guten" und „Die Kunst ist ein ernsthaftes Geschäft, am ernsthaftesten, wenn sie sich mit edeln, heiligen Gegenständen beschäftigt" und: „Die Kunst ruht auf einer Art religiösem Sinn."
[26] Doppelt. Siehe 10. Juli und Anmerkung 110.

2. Februar

Wenn die Hand ohne Wunden ist, kann man Schlangengift berühren – der gesunden Hand ist das Gift nicht gefährlich; nur dem schadet das Böse nichts, der selbst nichts Böses schafft.

(Dhammapada)

Wer selbst nicht zu lesen und zu schreiben versteht, kann nicht andere darin unterrichten; wie kann also der jemanden unterweisen, der selbst nicht weiß, was er tun soll?

(Marc Aurel)

3. Februar

Wenn auch die Menschen nicht wissen, was das Gute ist, so haben sie es doch in sich.

(Confucius)

Wer keinen Verstand hat, wird ihn finden; wer nicht nachdenkt, vollendet sein Werk.[27]

(Confucius)

Selbst der Bedauernswerteste unter uns besitzt irgend eine Gabe, die, anscheinend noch so überflüssig, in ihrer Eigenart, richtig angewandt, ein Geschenk für die ganze Menschheit werden kann.

(John Ruskin)

4. Februar

Ein beginnender Streit gleicht einem Strome, der den Damm durchbricht: Sobald er ihn durchbrochen hat, ist er nicht mehr zu halten.

(Talmud)

---

[27] „Selig die am Geiste Armen, denn ihnen gehört das Himmelreich." (Bergpredigt)

Der Mensch hat die Macht, Streit anzustiften, aber er hat nicht die Macht, ihn zu ersticken, denn der Streit lodert auf, gleich einer Flamme, die der löschenden Wirkung des Wassers nicht nachgibt.

(Talmud)

5. Februar

Es gibt keinen derart kräftigen und gesunden Körper, daß er niemals erkrankte; es gibt keine derartigen Reichtümer, daß sie nicht verloren gingen, keine derart feste Macht, daß man sie nicht untergraben könnte. Alles ist vergänglich und flüchtig, und wer sein Leben an diese Dinge wendet, wird stets in Furcht und Unruhe leben, sich gekränkt fühlen und leiden. Er wird nie erlangen, wonach er trachtet, und gerade das wird ihn treffen, was er vermeiden möchte. Einzig die Seele des Menschen ist sicherer, als jede noch so unzugängliche Festung. Weshalb bemühen wir uns also, diese unsere einzige Burg auf jede mögliche Weise zu schwächen? Warum beschäftigen wir uns mit Dingen, die uns keine seelische Freude verschaffen können, und bekümmern uns nicht um das, was allein unserer Seele Frieden geben kann.

Wir vergessen immer, daß, wenn unser Herz rein ist, niemand uns Schaden zufügen kann, und daß nur aus unserer Unvernunft und dem Wunsche, äußeren Tand zu besitzen, aller Zank und Streit entsteht.

(Epiktet)

6. Februar

Alle unsere Gedanken sind lebendige Gedanken und offenbaren ihr Leben darin, daß sie imstande sind, zu ernähren und sich zu verändern; sie verändern sich, aber ähnlich dem Baume, nicht der Wolke.[28]

(John Ruskin)

---

[28] D. h. nicht so sehr durch äußere Einflüsse, als aus sich heraus.

Alles wahrhaft Große reift still heran.

(Seneca)[29]

7. Februar

Man kann die Seele mit einer durchsichtigen Kugel vergleichen, die von innen durch ihr eigenes Licht erhellt wird.[30] Dieses Feuer ist für sie nicht nur die Quelle allen Lichts und der Wahrheit, sondern es erleuchtet ihr auch alles Äußere. In diesem Zustande ist sie frei und glücklich; nur die Vorliebe für äußere Dinge kann ihre glatte Oberfläche rauh machen und trüben und ein Zerbrechen und den Verlust des Lichtes zur Folge haben.

(Marc Aurel)

„Und die Seele wird nicht satt".

Ein Bürgersmann, der eine Königin geheiratet hatte, umgab sie mit allem Glanz und aller Herrlichkeit, aber umsonst: ihr schien alles gering, nicht der Beachtung wert, da sie stets an ihre hohe Herkunft dachte. So gibt auch die Seele – mag der Mensch sie mit allen irdischen Freuden umgeben – sich nicht zufrieden, denn sie ist eine Tochter des Himmels.[31]

(Talmud)

8. Februar

Niemand kann zwei Herren dienen; denn entweder wird er einen hassen und den andern lieben, oder er wird einem anhängen und

---

[29] *Seneca,* römischer Stoiker, Erzieher des Nero, 2-65 n. Chr., gab sich wegen angeblicher Teilnahme an einer Verschwörung verurteilt, durch Öffnen der Pulsadern selbst den Tod. Verfasser zahlreicher philosophischer Abhandlungen.

[30] Mir fällt bei diesem Bilde Jakob Böhme, der Schuhmachermeister und Theosoph, ein, der durch den plötzlichen Anblick eines zinnernen Gefäßes in den Zustand der Erleuchtung versetzt und in den innersten Grund der Natur eingeführt wurde.

[31] Ein chinesisches Sprichwort lautet: „Ist der Stern noch so willig, dem Monde hilft er nicht."

den anderen vernachlässigen. Ihr könnt nicht Gott dienen und dem Mammon.

(Matthäus-Evangelium VI, 24)

Man kann sich nicht gleichzeitig um seine Seele bekümmern und um die Güter der Welt. Willst du die Güter der Welt, so entsag der Seele; willst du deine Seele bewahren, so entsag den Gütern der Welt. Sonst wirst du beständig in Zwiespalt leben und weder das eine noch das andere erreichen.

Wenn irgend ein weltlicher Gegenstand dich beunruhigt oder betrübt, so gedenke, daß du sterben mußt, und daß dann das, was dir früher als großes Unglück erschien und dich stark erregte, zu einer kleinen Unannehmlichkeit wird, über die es sich nicht lohnt, sich aufzuregen.

(Epiktet)

9. Februar

Jede menschliche Handlung ist um so besser, ehrenwerter und prächtiger, je mehr sie in Hinblick auf die Zukunft geschieht. Dieses Vorausblicken in die Zukunft, dieses stille, sichere Ausharren neben anderen Eigenschaften, sondern den Menschen von der Menge ab und bringen ihn Gott näher; an jedes Werk, an jede Kunst ist dieser Maßstab anzulegen.

(John Ruskin)

10. Februar

Gott zürnt uns wegen unserer Sünden, die Menschen wegen unserer Tugenden.

(Talmud)

Beachte nicht die Zahl, sondern die Eigenschaften deiner Verehrer: den Schlechten nicht gefallen ist dem Menschen ein Lob.

(Seneca)

11. Februar

Die kurze Dauer des Lebens kann für einen vernünftigen Menschen kein Grund sein, den Teil, der ihm verliehen ist, zu vergeuden. Unsere Lebenstage können nicht edel und heilig sein, wenn wir sie mit Nichtstun hinbringen. Das beste Morgengebet ist, zu beten, daß nicht ein Augenblick des Tages unbenutzt vorübergehen möge, und das beste Tischgebet ist in dem Geständnis enthalten, daß wir unser Essen ehrlich verdient haben.

(John Ruskin)

12. Februar

Verlorene Zeit holt man nicht wieder ein; begangenes Unrecht macht man nicht wieder gut.

(John Ruskin)

Die beste Zunge ist die gut im Zaum gehaltene; die beste Rede die sorgfältig bedachte.

Wenn du sprichst, müssen deine Worte besser sein als Schweigen.

(Arabisches Sprichwort)

13. Februar

Frei ist nur der Mann, dem sich alles so zuträgt, wie er will. Heißt das nun aber, daß ihm wirklich alles geschieht, was ihm gerade einfällt? Keineswegs. So lehrt uns die Grammatik z. B. alles, was wir wollen, mit Buchstaben und Worten schreiben; um aber auch nur meinen Namen zu schreiben, kann ich nicht die Buchstaben benutzen, welche mir gerade einfallen, sondern ich muß eben diejenigen hinschreiben, die erforderlich sind, und in der Reihenfolge, in der sie erforderlich sind. Und das ist in allen Dingen so. Wir würden niemals etwas lernen, wenn wir es so machten, wie es uns gerade einfällt. Das bedeutet, um ein freier Mensch zu sein, darf man nicht nur so leichthin alles wünschen, was einem einfällt. Im Gegenteil, ein freier Mensch muß lernen, alles zu wünschen und allem zuzustimmen, was mit ihm geschieht, weil es nicht von ungefähr geschieht, sondern mit Willen dessen, der die ganze Welt regiert.

(Epiktet)

14. Februar

Die Vernunft, die man begreifen kann, ist nicht die ewige Vernunft. Der Name, den man nennen kann, ist nicht der ewige Name.

(Lao-Tse)

Es gibt ein Wesen, das in sich alles enthält und dessen Existenz der des Himmels und der Erde voraufgeht; es ist stetig; es ist körperlos; seine Eigenschaften heißen Vernunft. Wenn man es benennen soll, so nenne ich es das Erhabene, Unfaßbare, Entfernte und Wiederkehrende.

(Lao-Tse)

15. Februar

Da trat Petrus zu ihm und sprach: Herr, wie oft muß ich denn meinem Bruder, der an mir sündigt, vergeben? Ist's genug siebenmal? Jesus sprach zu ihm: ich sage dir, nicht siebenmal, sondern siebenzigmal siebenmal.

(Matthäus-Evangelium XVIII,21-22)

Hast du an jemandem einen Fehler bemerkt, so verbessere ihn sanft und zeig ihm, worin er sich geirrt hat. Bleibt aber dein Bemühen erfolglos, so mach dir allein Vorwürfe, oder besser, mach niemandem Vorwürfe, sondern sei weiterhin nachsichtig.

(Marc Aurel)

16. Februar

Sei wahr, sanftmütig und gib dem Bittenden – bittet er dich doch um weniges! Wenn du diese drei Pfade[32] beschreitest, kommst du den Heiligen nahe.

(Dhammapada)

Wenn du jemanden schiltst und mit ihm in Zwist lebst, vergißt du, daß die Menschen deine Brüder sind, und wirst ihr Feind, anstatt ihr Freund zu sein. Dadurch schädigst du dich selbst, weil, sobald du aufhörst, ein gutes und geselliges Wesen zu sein, als das Gott dich schuf, und statt dessen ein wildes Tier wirst, das sein Opfer beschleicht und zerreißt – dir deine kostbarste Eigenschaft abhanden gekommen ist. Du fühlst den Verlust einer Geldbörse, warum fühlst du nicht die Einbuße, wenn Redlichkeit, Güte und Mäßigung dir abhanden gekommen sind.

(Epiktet)

17. Februar

Alles Lebende leidet Qualen, alles Lebende fürchtet den Tod; erkenne dich selbst in allem Lebenden, töte nicht und verursache keinen Tod.

Alles Lebende flieht das Leiden, alles Lebende schätzt sein Leben; erkenne dich selbst in allem Lebenden, töte nicht und verursache keinen Tod.[33]

(Dhammapada)

---

[32] Von „Pfaden" ist im *Dhammapada* vielfach die Rede, namentlich von einem „mittleren Pfad", der, nach Rhys Davids aus acht, allen buddhistischen Schulen gemeinsamen Grundsätzen besteht. Das sind: Rechtes Glauben, Entschließen, Wort, Tat, Leben, Streben, Gedenken, Sichversenken. Das ist „der edle achtfache Pfad".

[33] Das „große Wort", die Sanskrit-Formel, die in den heiligen Büchern der Hindu oft vorkommt, lautet *Tat-twam asi*, das heißt: „dieses Lebende bist du." – „Wenn du grausam bist, wirst du im Schmerz wiedergeboren werden," sagt die buddhistische Weisheit. – „Ich gelobe kein Leben zu zerstören" war die erste „Formel der zehn Vorschriften" bei der Aufnahme in einen Mönchsorden der Buddhisten.

Lesen und Schreiben bedeuten keine Bildung, wenn sie dem Menschen nicht helfen, mit *allen* Geschöpfen besser umzugehen.

(John Ruskin)

18. Februar

Der Unterschied zwischen einem vernünftigen und einem unvernünftigen Menschen besteht darin, daß letzerer sich beständig über Dinge aufregt und klagt, die nicht von ihm abhängen, z. B. über sein Kind, seinen Vater, Bruder, über seine Geschäfte, seine Habe. Wenn ein Vernünftiger sich aber beunruhigt, so geschieht das nur über das, was von ihm abhängt, z. B. seine eigenen Gedanken, Wünsche und Handlungen.

Wenn uns irgend eine Unannehmlichkeit zustößt, oder wir auf ein Hindernis stoßen, sind wir stets geneigt, andere Leute oder unser Schicksal anzuklagen, anstatt zu überlegen, daß, wenn äußere, nicht von uns abhängige Dinge zu einer Unannehmlichkeit oder einem Hindernis für uns werden, das so viel heißen will als: in uns selbst ist irgend etwas nicht in Ordnung.

(Epiktet)

19. Februar

Das Leben des einzelnen muß mit dem der Allgemeinheit fest verwachsen sein, denn die ganze Schöpfung ist von Übereinstimmung und Einigkeit erfüllt. Wie in der Außenwelt, so stehen auch im geistigen Leben alle Erscheinungen unter sich in engem Zusammenhang.

(Marc Aurel)

Vernünftige Wesen, die berufen sind, an ein und derselben Arbeit zusammenzuwirken, erfüllen im Weltleben dieselbe Bestimmung wie die Glieder am menschlichen Körper. Sie sind geschaffen für ein vernünftiges, einmütiges Handeln. In dem Bewußtsein, daß man ein

Glied der großen Seelengemeinschaft ist, liegt etwas Ermutigendes und Tröstliches.[34]

(Marc Aurel)

20. Februar

Wer insgeheim sündigt, der verleugnet den allgegenwärtigen und allsehenden Gott.

(Talmud)

Bei wem die Religion an zweiter Stelle kommt, der hat überhaupt keine. Wir bringen Gott mit vielem im Herzen zusammen, aber das eine ist unvereinbar, daß er an zweiter Stelle kommt. Wer ihm einen Platz zweiten Ranges gibt, gibt ihm gar keinen.

(John Ruskin)

21. Februar

Jedes Ding hat Anfang und Ende. So ist es auch mit Menschenwerk: es gibt kein Ding, das nicht Anfang und Ende hätte. Wer richtig versteht, wo jene sind, der kommt der Wahrheit nahe.

(Confucius)

Du bist nicht verpflichtet, ein Werk zu Ende zu führen, aber auch nicht berechtigt, dich ihm ganz zu entziehen.
    Wer dir das Werk aufgetragen hat, ist getreu.

(Talmud)

Wenn sich jemand nicht berufen fühlt zu einer Mission, so ist er nicht aufgeklärt.

(Chinesische Weisheit)

---

[34] Die Fabel des Menenius Agrippa von den Gliedern, die sich gegen den Magen empören, war Marc Aurel natürlich bekannt.

22. Februar

Ihr seid das Salz der Erde. Wenn aber das Salz unbrauchbar wird, womit soll man salzen? Es ist zu nichts mehr nütze, als fortgeworfen und zertreten zu werden.

(Matthäus-Evangelium V, 13)

Alle Menschen nähern sich mehr oder weniger diesem oder jenem Extrem; der eine lebt nur für sich, der andere nur für Gott, das heißt, für den Nächsten.

(L. T.)[35]

Gott lebt in allen Menschen, aber nicht alle Menschen leben in Gott. Darin liegt der Grund des Leidens.

Wie eine Lampe nicht ohne Feuer brennen kann, kann der Mensch nicht ohne Gott leben.
(Ramakrischna)[36]

23. Februar

Wenn die Güte eines Weibes unendlich ist, so hat auch ihre Bosheit bisweilen kein Ende.

Ein gutes Weib ist für den Mann ein kostbares Geschenk, ein böses aber eine Eiterbeule.

(Talmud)

Der Weg eines guten Weibes ist wirklich mit Blumen bestreut, aber sie liegen hinter ihren Schritten, nicht vor ihnen.

(John Ruskin)

---

[35] Die mit (L. T.) unterzeichneten Gedanken rühren von Tolstoi her.

[36] *Ramakrischna* ist, wie Herr Professor Oldenberg, Kiel, mir freundlichst mitteilt, ein moderner indischer Asket und Heiliger ([*1836] †1886). Über sein Leben und eine reichhaltige Sammlung seiner Aussprüche siehe J. Max Müller: „*Ramakrishna, his life and sayings*", London (Longmans), 1898.

24. Februar

Kleine Leiden bringen uns außer uns; große bringen uns wieder zu uns. Eine gesprungene Glocke gibt einen falschen Ton; zerschlag sie in zwei Teile, und sie klingt wieder rein.

(Jean Paul)[37]

Erst im Sturm zeigt sich die Kunst des Steuermanns; erst auf dem Schlachtfelde wird die Tapferkeit des Kriegers erprobt. Die Tüchtigkeit eines Mannes erkennt man erst in schwierigen und gefährlichen Lebenslagen.

(Daniel)[38]

Leiden ist das wahre Leben. Was wäre ohne Leiden in ihm für Vergnügen?![39]

(Dostojewski)

25. Februar

Alle Nationen erkennen schließlich eine Wahrheit an, die von ihren geistigen Führern schon längst erfaßt ist, nämlich, daß die Haupttugend der Menschen in der Erkenntnis ihrer Unvollkommenheit und in der Unterordnung unter die Gesetze des höchsten Wesens besteht. „Du bist Erde und sollst zu Erde werden" ist die erst Wahrheit, die wir in bezug auf uns erkennen; die zweite besteht darin, daß wir den Boden bearbeiten, aus dem wir genommen sind. Das ist unsere erst Pflicht. Auf dieser Arbeit und auf den Beziehungen, welche sie zwischen uns und den niederen Tieren herstellt, beruhen die Grundbedingungen der Entwicklung unserer höchsten Fähigkeiten und

---

[37] *Jean Paul Friedrich Richter*, der berühmte humoristische Schriftsteller 1763-1825. – *Goethe* schreibt: „Die Welt ist eine Glocke, die einen Riß hat: sie klappert, aber klingt nicht."

[38] Nicht der biblische Prophet, sondern der geographische Schriftsteller Daniel (1812-1871)

[39] In *Dostojewski* († 1881) und *Gogol* († 1852) hat Maxim Gorki seine berühmten Vorgänger. – „Leiden sind Lehren" heißt es in der Fabel des *Äsop*. Vergl. auch die Einleitung.

des größten Wohlbefindens. Ohne diese Arbeit aber sind für die Menschen sowohl der Frieden, wie ein Entwicklung in Wissenschaft und Kunst undenkbar.

(John Ruskin)

26. Februar

Große Liebe ist untrennbar von tiefem Verstande, der Umfang des Verstandes aber ist gleich der Tiefe des Herzens; deswegen erreichen große Herzen den Gipfelpunkt der Humanität und große Geister.

(Gontscharow)[40]

Große Gedanken kommen aus dem Herzen.

(Vauvenargues)[41]

27. Februar

Ein Hindernis auf dem Wege zum Guten, das durch geistige Anstrengung überwunden wird, gibt mir neue Kraft. Was mich am Guten zu hindern drohte, wird selbst das Gute, und ein heller Weg zeigt sich plötzlich da, wo kein Ausweg möglich schien.

(Marc Aurel)

Die Lebensregeln weiser Männer sind verborgen; sie werden aber mehr und mehr deutlich (für die, welche sie befolgen). Die Lebensregeln gewöhnlicher Menschen sind für jeden klar, werden aber im Allgemeinbewußtsein mehr und mehr unklar.

(Confucius)

---

[40] *Gontscharow* ist im Gegensatz zu den genannten russischen Schriftstellen der Poet der „Gebildeten". Seine Berühmtheit in Deutschland hat die in Rußland nie erreicht, während es mit Gorki einstweilen umgekehrt ist. Das russische Proletariat ist in Rußland schon vor Gorki „entdeckt".

[41] ‚*Les grandes pensées viennent du coeur*' lautet der Ausspruch. *Vauvenargues* (1715-1747) ist ein hochangesehener, von echter Religiosität durchdrungener französischer Moralist.

28. Februar

Jeder weiß, daß Gewohnheiten durch Übung stärker werden und sich befestigen. Um zum Beispiel ein guter Fußgänger zu werden, muß man häufig und weit gehen; um ein guter Läufer zu werden, – viel laufen usw. Umgekehrt, wenn man aufhört zu tun, was man gewohnt ist, geht die Gewohnheit allmählich verloren. Wer z. B. zehn Tage lang liegt, ohne aufzustehen, und dann anfängt zu gehen, merkt, wie schwach seine Beine sind. Das heißt, wenn man sich an irgend etwas gewöhnen will, muß man es oft und viel tun; und umgekehrt, wenn man sich einer Sache entwöhnen will, tut man sie nicht. Dasselbe ist mit unseren seelischen Eigenschaften der Fall: wenn du auf jemanden zornig bist, so begehst du nicht allein dieses Unrecht, sondern verstärkst gleichzeitig die Gewohnheit zum Zorne in dir – wirfst Brennholz ins Feuer. Wenn du sinnlicher Lust dich ergibst – glaub nicht, daß du nur hierin dich vergehst und in weiter nichts; nein, du verstärkst gleichzeitig die Neigung zu wollüstigen Handlungen in dir. Jeder vernünftige Mensch wird dir sagen, daß ebenso unsere seelischen Untugenden, unsere bösen Gedanken und Wünsche stärker werden. Wenn du dich also nicht an Zorn gewöhnen willst, unterdrück ihn auf jede mögliche Weise und laß die Neigung sich nicht auswachsen. Auf welchem Wege aber wird die Kraft zum Kampf mit unseren eigenen Gedanken gewonnen?

Im Kampf mit verführerischen Gedanken ist es von Nutzen, die Gesellschaft solcher Männer aufzusuchen, die tugendhafter sind als wir, oder sich die Lehren weiser Männer, die vor uns gelebt haben, ins Gedächtnis zurückzurufen und sie zu lesen. Ein richtiger Ringer ist, wer mit seinen Gedanken ringt. Dieser Kampf ist heilig und nähert uns Gott. Von seinem Gelingen hängt unsere Freiheit ab, unsere Ruhe und das Glück unseres Lebens. Seid stets eingedenk zweier Zeiten: einmal der Gegenwart, in der ihr euern lasterhaften Gedanken nachgebt und die Wollust genießt – dann aber der Zukunft, in der ihr gesättigt bereuen und euch Vorwürfe machen werdet. Denkt auch an die hohe Freude, die ihr empfindet, wenn ihr enthaltsam seid. Denkt auch daran, wie schwer es ist, sich zurückzuhalten, wenn man einmal das Maß überschritten hat. Wer seinen lasterhaften Gedanken nachgibt und sich vorredet, daß er morgen Sieger bleiben wird, morgen aber genau dasselbe sagt, der wird bald so schwach und widerstandsunfähig, daß er aufhört, seine Fehler überhaupt zu bemerken, und selbst wenn er sie bemerkt, hat er stets eine Rechtfertigung für alle seine lasterhaften Handlungen in Bereitschaft.

(Epiktet)

29. Februar

Der Mensch kommt zur Welt mit geballten Händen und spricht gleichsam: die ganze Welt ist mein; er scheidet aber aus ihr mit offenen Händen und sagt gleichsam: seht, ich nehme nichts mit![42]

(Talmud)

Wie der Besitzer des Feigenbaumes[43] die Zeit seiner Reife kennt, so weiß auch Gott, wann er die Gerechten von dieser Welt abberuft.

(Talmud)

1. März

Die Menschen stehen meistens in dem Verhältnis zu ihren Freuden, daß sie traurig sind, wenn sie dieselben verlieren. Der rechte Mann ist aber derjenige, der sich zu freuen versteht und doch nicht traurig ist, wenn die Ursache seiner Freude verschwindet.

(Blaise Pascal)

Mach den Versuch, vielleicht gelingt es dir, dein Leben zufrieden mit deinem Schicksal hinzubringen, als jemand, der sich durch Liebe und gute Werke den inneren Frieden errungen hat.

(Marc Aurel)

---

[42] Ein chinesisches Sprichwort: „Auf Geburt und Tod hat niemand Einfluß; Reichtum und Armut verteilt der Himmel."
[43] Der Feigenbaum gehört zum Hause, wie bei uns die Linde zum Dorf. Auch in der buddhistischen Religion spielt der Feigenbaum eine große Rolle, unter dem Buddha zur richtigen Erkenntnis gelangte. Ein Ableger wird auf Ceylon als ältester historischer Baum gezeigt.

2. März

Geistige Beschäftigung macht nicht satt. In einen Garten traten zwei Menschen: ein Gelehrter und ein Gottesfürchtiger. Der Gelehrte begann alsbald die Zahl de Bäume festzustellen, die Früchte zu zählen und den Preis des Gartens zu bestimmen. Der Gottesfürchtige aber schloß Bekanntschaft mit dem Herrn des Gartens, trat zu einem der Bäume und sättigte sich an seinen Früchten.[44]

Genieße die Frucht. Das Zählen der Blätter und die müßigen Berechnungen stillen deinen Hunger nicht. Nicht die Tätigkeit des Verstandes, sondern das Leben in Gott gibt dir die Fülle der höchsten Seligkeit.

(Ramakrischna)

3. März

Willst du das allumfassende „Ich" erkennen, mußt du vorher dich selbst erkennen.[45] Um dich zu erkennen, mußt du dein „Ich" dem Welten-Ich opfern und dein Leben hingeben, wenn du im Geiste leben willst. Entferne deine Gedanken von äußeren Dingen und von allem, was von außen kommt. Bemüh dich, die aufsteigenden Gestalten zu verscheuchen, damit nicht dunkle Schatten auf deine Seele fallen.

(Ramakrischna)

Dein Schatten lebt und verschwindet. Was in dir ewig ist und was denkt, gehört dem unvergänglichen Leben an. Dieses Ewige ist der Mensch, der war, ist und sein wird, und dessen Stunde niemals schlägt.

(Ramakrischna)

---

[44] „Man neige einen mit Früchten beladenen Ast und pflücke die reifen der Reihe nach ab; so verfahren kluge Menschen in der Welt, um zur Frucht zu gelangen," heißt es im *Mahabharata*, dem uralten indischen Epos (Böhtlingk, Indische Sprüche, St. Petersburg 1865)

[45] Die bekannte Inschrift des Apollotempels in Delphi: „Erkenne dich selbst."

4. März

Nicht der ist verständig, der das Gute vom Bösen zu unterscheiden versteht, sondern wer von zwei Übeln das kleinere zu wählen weiß.

(Talmud)

Es ist unzweifelhaft wichtiger, wie der Mensch sein Schicksal aufnimmt, als wie es in Wirklichkeit ist.

(Wilhelm von Humboldt)

5. März

Wenn wir den ersten Unterricht erhalten, lernen wir lesen und schreiben. Aber der Unterricht lehrt uns nicht, ob wir einem Freunde einen Brief schreiben müssen oder nicht. Ebenso lehrt der Musikunterricht uns singen oder ein Instrument spielen, aber nicht, wann man singen und wann man spielen muß.

Nur die Vernunft zeigt uns, was wir tun müssen und was nicht.

Indem Gott uns die Vernunft zuteilte, gab er uns das Allernotwendigste, womit wir zurecht kommen können.

Gott, der mich so schuf, wie ich bin, sprach gleichsam zu mir: „Lieber Epiktet, ich hätte deinem vergänglichen Körper und deinem unbedeutenden Lose weit mehr geben könne, aber tadle mich nicht darum, daß ich es nicht tat. Ich wollte dir nicht die Freiheit lassen, alles zu tun, was dir irgendwie einfällt, sondern flößte dir ein Teilchen Meines Selbst ein. Ich gab dir die Fähigkeit, nach dem Guten zu streben und das Böse zu vermeiden; ich verlieh dir Willensfreiheit. Wenn du deine Vernunft auf alles anwendest, was mit dir geschieht, wird dir nichts als Hindernis oder Beschränkung auf dem Wege erscheinen, den ich dir bestimmt habe; niemals wirst du über dein Schicksal oder über die Menschen weinen: du wirst sie nicht verurteilen noch umschmeicheln. Glaub nicht, daß das wenig für dich sei. Ist es wohl wenig, sein ganzes Leben vernünftig, ruhig und fröhlich hinzubringen? Also sei damit zufrieden!"

(Epiktet)

6. März

Wer Korn im Bazar kauft, den kann man mit einem verwaisten Brustkind vergleichen: Viele Ammen nähren es, aber das Kind hungert trotzdem. Wer jedoch eigenes Korn verbraucht, der gleicht dem Kinde an der Mutterbrust.[46]

(Talmud)

Alle Arbeiter und Handwerker kehren später zum Ackerbau zurück, wie es in der Heiligen Schrift heißt: „Und alle, die an den Rudern ziehen, samt den Schiffsknechten und Meistern, werden aus den Schiffen ans Land treten ..." (Hesekiel 27, 29).

(Talmud)

7. März

Und sprach: wahrlich, ich sage euch: wenn ihr nicht umkehrt und werdet wie die Kinder, werdet ihr nicht ins Himmelreich kommen. Also wer so anspruchslos ist, wie dies Kind, der ist der Größte im Himmelreich.

(Matthäus-Evangelium XVIII, 3-4)

Wie schrecklich wäre es in der Welt, wenn nicht beständig Kinder geboren würden, die in sich die Unschuld und die Möglichkeit jeder Vollkommenheit tragen.

(John Ruskin)

8. März

Wenn du fest davon überzeugt bist und stets daran denkst, daß du jederzeit in die Lage kommen kannst, deine irdische Hülle abwerfen

---

[46] Auch hierzu zwei indische Sprüche: „Ein Mann, der durch seiner Arme Kraft sich nährt, wird hier in der Welt des Ruhmes und nach dem Tod eines schönen Loses teilhaftig" – und: „Ein mit eigener Hand gewundener Kranz, mit eigener Hand zerriebener Sandel und ein mit eigener Hand geschriebener Lobspruch können sogar dem Indra die Herrlichkeit rauben."

zu müssen, ist es leichter für dich, gerecht und wahrhaft zu handeln, leichter, dich in dein Schicksal zu fügen. Dann begegnest du gelassen allem Gerede, allem Gekrittel und allen versteckten Anschlägen der Leute und denkst nicht einmal darüber nach. Vollständig in Anspruch genommen von nur zwei Aufgaben, verfährst du gerecht in allen Dingen, die dir gerade eben bevorstehen und trägst ohne Murren deine Bürde. So kann man inneren Frieden erlangen, denn alle Wünsche vereinen sich jetzt zu dem einzigen – in Gottes Bereich zu bleiben.

(Marc Aurel)

9. März

Wenn wir nicht freiwillig mit jeder Handlung Gott dienen, dienen wir ihm überhaupt nicht.

(John Ruskin)

Nicht auf die Untersuchung der Gebote kommt es an, sondern auf die guten Werke.

(Talmud)

Seid euch dessen wohl bewußt und empfindet es tief im Innern, daß ihr jeden Tag eures Lebens dem Wohle anderer widmen müßt,[47] indem ihr alles für sie tut, was ihr könnt. Tut, aber nicht redet.

(John Ruskin)

10. März

Den Wert eurer Werke bestimmen andere; bemüht ihr euch nur um ein reines und wahrhaftiges Herz.

(John Ruskin)

---

[47] Indischer Spruch: „Edle Menschen, stets betrübt über die Leiden anderer, achten nicht des eigenen Glückes, wäre dieses auch noch so groß: sie haben ihre Freude an dem Wohle aller Geschöpfe."

Ein Heiliger bekümmert sich um das Innere, aber nicht um das Äußere; er vernachlässigt dieses und bevorzugt jenes.

(Lao-Tse)

Ich bin überzeugt, daß nur im persönlichen Verhalten jeder mittelmäßig begabte Mensch die größte Menge Gutes tut, das zu tun ihm bestimmt ist.[48]

(John Ruskin)

11. März

Gott gab seinen Geist, die Liebe, Vernunft, um ihm zu dienen; wir aber verwenden diesen Geist, um uns zu dienen – verwenden das Beil dazu, den Stiel zuzuhauen.[49]

(L. T.)

12. März

Nicht nur die Wahrheit selbst verleiht Zuversicht, sondern schon das Suchen der Wahrheit gibt Ruhe.

(Blaise Pascal)

Wenn die Dinge betrachtet werden, wird Wissen erworben; wenn Wissen erworben ist, strebt der Wille nach Wahrheit; wenn das Streben des Willens befriedigt ist, wird das Herz gut; wenn das Herz gut wird, wird die sittliche Betrachtung der Dinge erworben, die zur Tugend führt.

(Confucius)

13. März

Man denke sich eine Anzahl Menschen in Ketten. Alle sind zum Tode verurteilt, und jeden Tag werden einige vor den Augen der

---

[48] Aus den beiden anderen Sprüchen desselben Tages ergibt sich der Sinn.
[49] Vergl. *Confucius* am 13. Januar.

anderen hingerichtet. Die Zurückbleibenden sehen angesichts dieser Sterbenden und in der Erwartung, selbst an die Reihe zu kommen, ihr eigenes Schicksal. Derart ist das menschliche Leben beschaffen.[50]

(Blaise Pascal)

Die Menschen bezahlen gewöhnlich nur die Leute, die ihnen Spaß machen, oder die sie betrügen, aber nicht, die ihnen Dienste erweisen. Fünftausend Taler dem Schwätzer – fünf Groschen dem Arbeiter, dem Denker – das ist so die Regel.[51]

(John Ruskin)

14. März

Der Größte unter euch soll euer Diener sein. Denn wer sich selbst erhöht, der wird erniedrigt werden, und wer sich selbst erniedrigt, wird erhöht werden.

(Matthäus-Evangelium XXIII, 11-12)

---

[50] *Voltaires* Bemerkung zu diesem Gedanken Pascals lautet: „Dieser Vergleich ist sicherlich nicht richtig. Unglückliche in Ketten, die man einen nach dem anderen erwürgt, sind unglücklich nicht allein weil sie leiden, sondern auch weil sie erproben, was andere Menschen nicht leiden. Das natürliche Los des Menschen ist weder in Ketten zu sein, noch erwürgt zu werden; aber alle Menschen sind wie die Tiere, die Pflanzen geschaffen, um zu wachsen, eine gewisse Zeit zu leben, ihresgleichen hervorzubringen und zu sterben. In einer Satire kann man den Menschen, soviel man will, von der schlechten Seite zeigen; aber wenn man seine Vernunft nur ein wenig gebraucht, so wird man zugestehen, daß von allen lebenden Wesen der Mensch das vollkommenste, das glücklichste und dasjenige ist, welches am längsten lebt; denn was man von Hirschen und Raben sagt, ist nur Fabel: statt also zu erstaunen und uns zu beklagen über das Unglück und die Kürze des Lebens müssen wir staunen und uns Glück wünschen wegen unseres Glückes und seine Dauer. Um rein philosophisch zu schließen, wage ich zu behaupten, wir könnten vermöge unserer Natur besser sein, als wir sind."
[51] In der Einleitung seiner Schrift „Was ist Kunst" entwickelt *Tolstoi* ähnliche Ansichten und erwähnt z. B. einen Tanzmeister, der in einem Monat mehr Gehalt bekommt als zehn Arbeiter in einem Jahr.

Ein Teil deiner Freunde tadelt dich, der andere lobt dich; halt dich zu denen, die dich tadeln, und halt dich fern von denen, die dich loben.

(Talmud)

Die Lehre Gottes wird mit dem Wasser verglichen: wie dieses die hohen Stellen meidet und sich in den Niederungen sammelt, so findet Gottes Wort nur bei den kleinen Leuten Aufnahme.

(Talmud)

15. März

Kein Unglück ist so groß wie die Furcht vor ihm.

(Zschokke)

Es gibt kaum ein Unglück ohne Ausweg; die Verzweiflung ist trügerischer als die Hoffnung.

(Vauvenargues)

16. März

Wer von seiner Hände Arbeit lebt, verdient mehr Respekt als derjenige, der sich mit seiner Gottesfurcht brüstet.

(Talmud)

Schämen muß sich der Mensch, dem man rät, in der Arbeitsamkeit die Ameise zum Muster zu nehmen – doppelt schämen, wenn er den Rat nicht befolgt.

(Talmud)

Jede Arbeit ist wichtig, denn sie adelt den Menschen.
  Wer seinen Sohn nicht ein Handwerk lernen läßt, erzieht ihn zum Straßenräuber.

(Talmud)

17. März

Hört lieber auf, von Unabhängigkeit zu reden, denn ihr hängt nicht nur von allem Tun und Lassen eurer Umgebung ab, von der ihr niemals gehört habt, sondern sogar von den Taten vergangener Menschen, die vor tausend Jahren in Staub verwandelt sind. Genau so hängen auch die kommenden Jahrhunderte von dem verschwindend geringen Teilchen Macht ab, das euch innewohnt; eine Macht, die oft ohne jede Betätigung verloren geht. Trotzdem müßt ihr diese Macht gut benutzen. Das merkt euch. Die Tugend besteht nicht darin, daß man dasjenige tut, wofür der „Tugendhafte" sofort eine Belohnung erhält, oder überhaupt eine Belohnung. Diese kann erfolgen und kann ausbleiben – wenngleich die Stunde der Vergeltung natürlich einmal hereinbricht. Aber das Wesen der Tugend als solcher besteht darin, daß man sich an ihr genug sein läßt und die Belohnung anderer wünscht; das Wesen des Lasters aber besteht ebenfalls darin, daß man es genießt und anderen die Vergeltung wünscht.

(John Ruskin)

18. März

Wenn du so glücklich bist, immer nur zu sagen, was wirklich ist, und zu verschmähen, was falsch ist, zu zweifeln am Zweifelhaften und Gutes und Nützliches zu wünschen, so wirst du auf böse und unbesonnene Menschen nicht unwillig sein.

Aber es sind doch Diebe und Spitzbuben! Wirst du sagen.

Nun, was ist denn ein Dieb und Spitzbube? Ein lasterhafter, auf Abwege geratener Mensch.[52] Einen solchen muß man bedauern, aber nicht ihm zürnen. Überzeug ihn, wenn du kannst, davon, daß es für ihn selbst nicht gut ist, so zu leben, wie er lebt, und er wird aufhören, Schlechtes zu tun. Wenn er jenes aber nicht begreift, ist es kein Wunder, wenn er ein häßliches Leben führt.

---

[52] *Tolstois* Roman „Auferstehung" liefert im 34. Kapitel an dem Burschen, der Dielenläufer gestohlen hat, ein treffendes Beispiel hierfür.

Wie wäre es möglich! – wirst du sagen – soll man solche Leute nicht bestrafen?!

Sprich nicht so. Sag lieber: dieser Mensch fehlt in dem, was das Allerwichtigste auf der Welt ist. Er ist blind, nicht körperlich, sondern seelisch. Sobald du mir das sagst, wirst du auch begreifen, wie grausam du gegen ihn gewesen bist. Wenn jemandem die Augen erkrankt sind und er des Gesichtes beraubt ist, wirst du doch nicht sagen, daß er dafür bestraft werden muß! Also warum willst du jemanden bestrafen, der eingebüßt hat, was weit wertvoller ist als die Augen, nämlich das Verständnis, vernünftig zu leben? Solchen Menschen muß man nicht zürnen, sondern sie bedauern.

Bedaure also diese Unglücklichen und bemüh dich, über ihre Verfehlungen nicht zornig zu werden. Denk daran, wie oft du selbst gefehlt und gesündigt hast, und sei lieber ungehalten über dich, daß in deinem Innern Bosheit und Grausamkeit nisten.

(Epiktet)

19. März

Mit ewig neuer und stets zunehmender Bewunderung und Ehrfurcht erfüllen zwei Dinge die Seele, je häufiger und eingehender das Nachdenken sich mit ihnen beschäftigt: das sind der bestirnte Himmel über mir und das moralische Gesetz in mir.[53]

(Kant)

20. März

Unkraut verdirbt die Saat; Haß erschöpft die Menschen; nur die feine Gabe der Sanftmut geht hoher Belohnung entgegen.

Unkraut verdirbt die Saat; Eitelkeit zehrt die Menschen auf; nur die feine Gabe der Demut geht hoher Belohnung entgegen.

---

[53] *Kant* am Schluß seiner Kritik der praktischen Vernunft. – Goethe schreibt: „Der Mensch, wie sehr ihn auch die Erde anzieht in ihren tausend und aber tausend Erscheinungen, hebt doch den Blick sehnend zum Himmel auf, der sich in unermessenen Räumen über ihm wölbt."

Unkraut verdirbt die Felder; Wollust verdirbt die Menschen; nur die wohltätige Gabe der Reinheit und Makellosigkeit führt zum seligen Ende.[54]

(Dhammapada)

21. März

Ihr habt gehört, daß gesagt ist: Auge um Auge und Zahn um Zahn. Ich aber sage euch; ihr sollt dem Bösen nicht Widerstand leisten. Sondern wer dich auf die rechte Wange schlägt, dem biete die andere auch dar.

(Matthäus-Evangelium V, 38-39)

Ungerecht ist, wer etwas mittels Gewalt tut; nur wer die beiden Wege, den der Wahrheit und den der Unwahrheit, unterscheidet, wer andere unterrichtet und nicht mit Gewalt, sondern durch Gesetz und Gerechtigkeit lenkt, wer der Wahrheit und Vernunft treu bleibt, nur der wird wirklich wahrhaftig heißen.

Nicht der ist weise, der gute und hübsche Reden führt, sondern wer geduldig ist, frei von Haß und frei von Furcht – nur der ist wirklich weise.[55]

22. März

Du bist so in das Lesen nützlicher Bücher vertieft, daß du Klage führst, wenn man dich dieser Beschäftigung entreißt. Du lachst den eitlen Menschen aus, der sich mit müßigem Zeitvertreib ergötzt, und

---

[54] Die Verse des *Dhammapada* erheben (nach Rhys Davids) Anspruch darauf, die von Buddha selbst geäußerten Worte oder erteilten Antworten zu sein, die sich auf gewisse Gelegenheiten beziehen, von denen feierlich berichtet wird, daß Buddha die und die Strophe dabei ausgesprochen habe. Das *Dhammapada* ist – nach Rhys Davids – nichts als eine Sammlung von Versen, die aus den anderen Texten zusammengelesen sind.

[55] Im *„Mahabharata"* heißt es: „Milde ist die höchste Tugend, Nachsicht die größte Macht, die Kenntnis der Seele die höchste Kenntnis, und etwas Höheres als die Wahrheit gibt es nicht."

denkst, ein nützliches Buch lesen, sei nie eitel. Lach dich lieber selbst
aus, da ein nützliches Buch für sich allein lesen, wie du es tust, ebenfalls müßig und eitel ist: Leiden und Unzufriedenheit werden bei
euch beiden gleich sein. Und du kannst nicht etwas sagen: „Möge
Gottes Wille geschehen," sondern wirst ausrufen: „Ach, wie bin ich
unglücklich! Ich wollte mich mit Lesen eines schönen und sehr nützlichen Buches beschäftigen, und da soll man nun die Bitten dieses
zudringlichen Menschen erfüllen!"

Was ist das! antworte ich dir; besteht denn deine Pflicht darin,
Bücher zu lesen auch zu einer Zeit, wo man dich um Hilfe angeht?
Du mußt dessen eingedenk sein, was Gott jetzt von dir will, und was
er nicht will. Er hat jüngst die Einrichtung getroffen, daß du dich in
der Einsamkeit mit dir selbst unterhieltest, läsest, schriebst, dich auf
gute Werke vorbereitetest. Heute aber hat er Leute zu dir gesandt,
die dich um tätige Hilfe bitten. Damit sagt Gott gewissermaßen: Verlaß deine Einsamkeit und beweise durch die Tat, was du gelernt
hast; denn für dich und für jene Leute ist die Zeit gekommen, den
Nutzen dessen zu sehen, worüber du gelesen und nachgedacht hast.

Mach dir doch nicht selbst Schande! Beklag dich nicht über die
Leute, die dich in deiner Beschäftigung unterbrochen haben; wenn
niemand da wäre, wem wolltest du dann wohl dienen und wozu
sollte man Bücher darüber lesen, wie man den Menschen am besten
dient?

(Epiktet)

23. März

Du bist ein Tagelöhner; tu deine Arbeit und empfang deinen Lohn.
(Talmud)

Umsonst sind die Bemühungen der Menschen, in das Geheimnis
des Wesens Gottes einzudringen; ihre Aufgabe ist nur, seine Gebote
zu halten.

(Talmud)

Tu deine Pflicht; das andere aber überlaß dem, der sie dir auferlegt
hat.

(Talmud)

24. März

Ein Weiser zeigt sich in drei verschiedenen Gestalten: von weitem erscheint er wichtig und finster; trittst du ihm näher, so siehst du, wie er sanft und freundlich ist; hörst du aber seine Worte, so erscheint er streng und abstoßend.[56]

(Chinesische Weisheit)

25. März

Wer einmal und noch einmal sündigt, sieht die Sünde schon als etwas Erlaubtes an.

(Talmud)

Ein gutes Werk wird stets mit Anstrengung getan[57]; hat man aber die Anstrengung ein paarmal gemacht, so wird das Werk zur Gewohnheit.

(L. T.)

26. März

Jemand, der nicht wüßte, daß die Augen sehen können, und der sie niemals aufgeschlagen hätte, wäre sehr zu bedauern. Noch beklagenswerter ist aber, wer nicht begreift, daß ihm die Vernunft gegeben ist, um ruhig alle Widerwärtigkeiten zu ertragen. Mit Hilfe der Vernunft können wir mit allen Unannehmlichkeiten fertig werden. Unerträglichen Widerwärtigkeiten begegnet ein vernünftiger Mensch im Leben nicht: es gibt solche für ihn nicht. Anstatt dem Übel aber gerade ins Gesicht zu sehen – wie häufig suchen wir ihm kleinmütig auszuweichen! Sollten wir uns nicht lieber darüber

---

[56] Anders der indische Spruch: „Die Pfauen ziert das Geschrei, wenn es durch Liebeslust beseelt wird; die Weisen ziert gar sehr die Rede, wenn sie mit Freundlichkeit gepaart ist."

[57] Indischer Spruch: „Durch Anstrengung kommen Werke zustande, nicht durch Wünsche: es laufen ja die Gazellen nicht in den Rachen des schlafenden Löwen."

freuen, daß Gott[58] uns die Fähigkeit gab, nicht über das in Zorn zu geraten, was gegen unseren Willen mit uns geschieht, und ihm dafür zu danken, daß er uns nur dem unterordnete, was von uns abhängt. Ordnete er doch unsere Seele weder Eltern noch Brüdern noch dem Reichtum noch unserem Körper noch dem Tode unter, sondern in seiner Güte nur dem einen, was von uns abhängt – unserer Vernunft.[59]

(Epiktet)

27. März

Der Weise Diogenes sprach: „Nur der ist wahrhaft frei, der stets bereit ist, zu sterben." Er schrieb dem Könige der Perser: „Du kannst nicht wirklich freie Menschen zu Sklaven machen, wie du nicht die Fische unterjochen kannst. Wenn du sie auch gefangen nimmst, werden sie doch nicht deine Sklaven sein. Wenn sie aber in der Gefangenschaft sterben, welchen Nutzen hast du davon, daß du sie gefangen genommen hast?"

Das ist die Rede eines freien Mannes: der weiß, worin die wahre Freiheit besteht.

(Epiktet)

28. März

Dann erkennen wir, daß wir Gottes Kinder sind, wenn wir Gott lieben und seine Gebote halten. Denn das ist die Liebe zu Gott, daß wir seine Gebote halten; und seine Gebote sind nicht schwer.

(1. Johannes-Brief V, 2-3)

Liebe den ewigen Gott so, daß durch dich auch andere ihn lieben.

Erfülle Gottes Gebote mit Liebe. Es ist nicht dasselbe, sie aus Liebe zu Gott oder aus Furcht vor ihm zu erfüllen.

(Talmud)

---

[58] „Gott" ist bei dem römischen Sklaven *Epiktet* natürlich nicht im Sinne des persönlichen Christengottes zu verstehen.

[59] „Alles, was von anderen abhängt, ist Schmerz; alles, was von einem selbst abhängt, ist Freude," lautet auch ein indischer Spruch.

29. März

Ein gelehrter Brahmine[60] kam einst zu einem weisen Könige und sprach: „Ich kenne die heiligen Bücher gut, deshalb möchte ich dich die Wahrheit lehren." – Der König antwortete ihm: „Ich glaube, du bist selbst noch nicht genügend in den Sinn der heiligen Bücher eingedrungen. Geh und bemüh dich, das richtige Verständnis zu gewinnen, dann werde ich dich zu meinem Lehrer erwählen."

Der Brahmine ging fort.

„Habe ich nicht viele Jahre lang die Heilige Schrift studiert" – sprach er mit sich selbst – „und da meint jener, daß ich sie nicht verstünde! Wie dumm ist das, was mir der König sagte."

Trotzdem las er noch einmal aufmerksam die heiligen Bücher. Aber als er wieder zum Könige kam erhielt er dieselbe Antwort.

Das veranlaßte ihn, nachzudenken. Nach Hause zurückgekehrt, schloß er sich in seine Zelle ein und gab sich wiederum dem Studium der Heiligen Schrift hin. Und als er ihren innersten Sinn zu begreifen anfing – da wurde ihm klar, wie nichtig Reichtümer, Ehren, das Leben bei Hofe und der Wunsch nach irdischen Gütern sind. Von der Zeit an widmete er sich ganz der Vervollkommnung seiner selbst, der Betätigung seines göttlichen Ursprungs, und kehrte nicht mehr zum Könige zurück.

Es vergingen einige Jahre, da kam der König selbst zum Brahminen und fiel beim Anblick dessen, der ganz von Weisheit und Nächstenliebe durchdrungen war, vor ihm auf die Knie und sprach: „Jetzt sehe ich, daß du das wahre Verständnis der Schrift erlangt hast, und jetzt bin ich, wenn es dir gefällt, gern dein Schüler."

(Ramakrischna)

30. März

Die Sonne gießt unaufhörlich ihr Licht auf die Welt aus, aber das Licht wird dadurch nicht erschöpft; genau so muß deine Vernunft leuchten und nach allen Seiten überließen. Sie ergießt sich überall

---

[60] *Brahmanen* oder Brahminen sind die indischen Gottesgelehrten; *Brahma* ist nach indischer Religion der Schöpfer der Welt und des Menschgeschlechts.

hin und erschöpft sich nicht und zeigt weder Reizbarkeit noch Zorn, wenn sie auf ein Hindernis stößt, sondern beleuchtet ruhig alles, was danach verlangt, und läßt nicht nach und ermüdet nicht und bedeckt mit ihrem Schein alles, was zum Licht gewandt ist. Im Dunkeln aber läßt sie nur das, was sich selbst von ihrem Antlitz abwendet.

(Marc Aurel)

31. März

Wer durch Gottes Strafe in seinem Verhalten gebessert wird, der muß sich über das Leid, das ihn betroffen hat, freuen, weil es ihm großen Nutzen gebracht hat, und muß Gott dafür danken, wie für jedes andere Glück.

(Talmud)

Was beim Tier als Mangel gilt, wird dem Menschen als Wert angerechnet: jede Beschädigung macht ein Tier untauglich zum Opfer; ein gebrochenes Herz, ein zerstörter Geist dagegen sind Gott angenehme Opfer.[61]

(Talmud)

1. April

Bedenke, daß dein Verstand, der sein Leben in sich trägt, dich frei macht, wenn du ihn nicht im Dienste des Fleisches mißbrauchst. Die vom Verstand erleuchtete Seele des Menschen ist frei von Leidenschaften, die dieses Licht verdunkeln; sie ist eine richtige Burg, und es gibt keinen sichereren und für das Böse unzugänglicheren Ort. Wer das nicht weiß, ist blind, und wer es weiß und in die Burg des Verstandes nicht einzieht, der ist unglücklich.

(Marc Aurel)

---

[61] Geisteskranke stehen bei halbzivilisierten Völkern häufig unter göttlichem Schutz, da man ihre Krankheit übernatürlichen Einflüssen zuschreibt.

Alles Gute im Menschen ist göttlich.

Die menschliche Seele ist ein Spiegel, in dem man heimlich das Bild der göttlichen Vernunft sehen kann.

(John Ruskin)

2. April

Wie Fackeln und Feuerwerk vor der Sonne blaß und unscheinbar werden, so wird Geist, ja Genie, und ebenfalls die Schönheit überstrahlt und verdunkelt von der Güte des Herzens.[62]

(Schopenhauer)

Unendliche Güte ist die erhabenste Gabe und das Erbgut aller wahrhaft großen Männer.

(John Ruskin)

3. April

Musik und süße Speise hemmen des Wanderers Schritte, aber die Vernunft ist ohne Geschmack und Geruch und unsichtbar, wenn man nach ihr sieht, unhörbar, wenn man nach ihr horcht; dabei ist ihr Nutzen unendlich.

(Lao-Tse)

Das Mächtigste in der Welt ist, was man nicht sieht, nicht hört und nicht fühlt.

(Lao-Tse)

4. April

Darin besteht das Gericht, daß das Licht in die Welt gekommen ist, aber die Menschen liebten die Finsternis mehr als das Licht, weil ihre Werke böse waren. Denn jeder, der Böses tut, haßt das Licht

---

[62] Die Stelle steht bei *Schopenhauer*: „Vom Primat des Willens im Selbstbewußtsein."

und kommt nicht an das Licht, damit seine Werke nicht enthüllt werden. Wer aber nach der Wahrheit handelt, kommt ans Licht, damit seine Werke offenbar werden, weil sie in Gott getan sind.

(Johannes-Evangelium III, 19-21)

5. April

Die besten Gedanken sind gewöhnlich die, welche ohne jede Anstrengung, unversehens kommen.

Keine bedeutende geistige Schöpfung ist dem Verstande abgerungen. Ein großes Werk kann nur von einem großen Manne geschaffen werden, und er vollendet es ohne Anstrengung.

(John Ruskin)

Jede Wahrheit hat ihren Ursprung in Gott. Wenn sie im Menschen zum Vorschein kommt, so bedeutet das nicht, daß sie vom Menschen ausgegangen ist, sondern nur, daß dieser die Eigenschaft einer solchen Durchlässigkeit besitzt, daß er sie in Erscheinung treten lassen kann.[63]

(Blaise Pascal)

6. April

Keine Sünde ist schwerer als Leidenschaften.
Kein Unglück ist größer als Unzufriedenheit.
Kein Verbrechen ist schlimmer als Habgier.
Deswegen ist ein Mensch ohne Leidenschaften immer zufrieden.[64]

(Lao-Tse)

---

[63] „Was einzig dasteht und seinesgleichen nicht hat, das wirst du, o König, nicht gewahr; daß nämlich die Wahrheit die Leiter zum Himmel ist, daß sie gleichsam das Schiff ist, welches uns zum andern Ufer hinüberbringt." (*Mahabarata*, S. 1017)
[64] *Goethe* (Maximen und Reflexionen): „Große Leidenschaften sind Krankheiten ohne Hoffnung. Was sie heilen könnte, macht sie erst recht gefährlich." – *Indischer Spruch*: „Man fröne nicht zu heftiger Begierde, doch gebe man die Begierde nicht ganz auf; wer von zu heftiger Begierde ergriffen wird, auf dessen Haupte bildet sich eine Flamme." – *Goethe* (a. a. O.): „Die Leidenschaften sind Mängel oder Tugenden, nur gesteigerte." – Ein *Talmudspruch*: „Gäbe es keine Leidenschaften, so würde niemand ein Haus bauen, ein Weib nehmen oder irgend welche Arbeit verrichten."

Wer sein Leben an geistige Vervollkommnung wendet, kann nicht unzufrieden sein, weil das, was er wünscht, stets in seiner Macht ist.

(Blaise Pascal)

7. April

Du fürchtest, daß man dich wegen deiner Milde verachte, aber die billig Denkenden können dich deswegen nicht verachten, und mit den übrigen Menschen hast du nichts zu schaffen – achte nicht auf ihr Urteil. Wird doch kein kundiger Tischler sich darob betrüben, wenn jemand, der nichts vom Tischlerhandwerk versteht, seine gute Arbeit nicht lobt.

Glaub nicht, daß böse Menschen dich schädigen können. Kann etwa jemand deine Seele schädigen? Also worüber beunruhigst du dich?

Ich für meine Person lache über die, welche glauben, mich schädigen zu können; sie wissen nicht, weder was ich bin, noch was ich für gut und böse halte; sie wissen nicht, dass sie nicht einmal an das rühren können, was wirklich mein ist und wodurch allein ich lebe.

(Epiktet)

8. April

Eine der schlechten menschlichen Eigenschaften besteht darin, daß man sich selbst liebt und verehrt, sich selbst das Beste wünscht. Aber wehe dem, der nur sich selbst liebt: er will groß sein und sieht, daß er klein ist; er will glücklich sein und sieht sich unglücklich; er will vollkommen sein und bemerkt seine Unvollkommenheiten; er wünscht sich Liebe und Verehrung und sieht, daß seine Fehler abstoßend auf die Menschen wirken und ihnen Verachtung gegen ihn einflößen. Wenn ein solcher Mensch wahrnimmt, wie seine Wünsche nicht erfüllt werden, verfällt er auf ein frevelhaftes Beginnen: er fängt an, die Wahrheit zu hassen, die ihm zuwider ist, er will sie vernichten und fängt an, in seinem Innern und vor den Augen anderer die Wahrheit zu verdrehen, wo er nur kann; auf diese Weise hofft er, seine Mängel vor anderen wie vor sich selbst zu verbergen.

(Blaise Pascal)

9. April

Der Mensch hat keinen Anhaltspunkt zur Schätzung und erst recht kein Recht auf die Beurteilung eines Lebens voll unbedingter Selbstverleugnung, solange er nicht den Mut besitzt, selbst ein solches Leben, wenigstens eine Zeitlang, zu führen; aber ich glaube, daß nicht ein vernünftiger Mensch den Wunsch verspürt, und nicht ein ehrenwerter wagen wird, den wohltätigen Einfluß zu leugnen, den schon die zufällige Entbehrung von Luxus, oder Gefahren, in die man geriet, auf Leib und Seele ausübten.

(John Ruskin)

10. April

Wehe den Menschen, die sehen, ohne zu wissen, was sie sehen; die stehen, ohne zu wissen, worauf sie stehen.

(Talmud)

Wehe den Menschen, die den Sinn ihres Lebens nicht verstehen! Dabei ist der feste Glaube, daß man diesen Sinn nicht verstehen kann, so unter den Menschen verbreitet, daß sie, wie auf eine Weisheit, direkt stolz darauf sind, diese Kenntnis nicht zu wünschen.

(Blaise Pascal)

11. April

Ich bin gekommen, ein Feuer auf die Erde zu werfen, und wie sehr wünschte ich, es wäre schon entzündet! Glaubt ihr, ich sei gekommen, Frieden auf Erden zu bringen? Nein, sage ich euch, sondern Zwietracht.

(Lukas-Evangelium XIII, 49, 51)

Das Leben des einzelnen wie der ganzen Menschheit ist ein unaufhörlicher Kampf des Fleisches mit dem Geiste. In diesem Kampfe bleibt der Geist stets Sieger, aber der Sieg ist niemals endgültig, der Kampf ist nie zu Ende, er bildet eben das Wesen des Lebens. (L. T.)

12. April

Denkt stets daran, daß man Schönes nicht aus Neid, Edles nicht aus Hochmut tun kann.

(John Ruskin)

Glaubt nicht, daß man Gott durch Gebete dienen kann, ohne ihm zu gehorchen.

(John Ruskin)

13. April

Der böse Trieb im Menschen ist zuerst wie Spinneweben, dann wie ein dickes Tau.

Die böse Neigung ist anfangs ein Fremdling, dann ein Gast und schließlich der Herr im Hause.

(Talmud)

Die Unmäßigkeit bildet den Keim zum Selbstmord; sie ist ein unsichtbarer Strom unter dem Hause, der früher oder später das Fundament unterspült.

(Black)[65]

14. April

Tu den Willen Gottes wie deinen eigenen, dann wird er deinen Willen erfüllen, wie seinen; verzichte auf deine Wünsche zugunsten seiner, dann wird er machen, daß andere zu deinen Gunsten verzichten.

(Talmud)

Wenn du aufrichtig und von ganzem Herzen sagen kannst: Herr, mein Gott! Führe mich, wohin du willst – nur dann machst du dich los von jeder Knechtschaft und wirst wahrhaftig frei.

(Epiktet)

---

[65] *William Black*, englischer Novellist, geb. 1841 in Glasgow.

15. April

Wenn ein Hirt seiner Herde zürnt, gibt er ihr einen blinden Leithammel.[66]

(Talmud)

Man kann ein Volk nur dann besiegen, wenn seine Götter, d. h. seine sittlichen Ideale, sein bestes Streben bereits besiegt sind.

(Talmud)

Nur geistige Ideale erreichen die Menschen ohne gegenseitige Kämpfe; im Gegenteil, sie erreichen sie um so eher, je enger sie in Liebe vereint sind. In unserer Zeit aber hat man den Kampf als menschliches Lebensgesetz bezeichnet – ein Beweis, daß unsere jetzigen Ideale nicht geistiger Art sind.

(John Ruskin)

16. April

Wenn die Menge jemanden haßt, muß man, bevor man selbst urteilt, aufmerksam die Gründe untersuchen. Wenn die Menge jemanden leidenschaftlich verehrt, muß man ebenfalls vor einem Urteil aufmerksam die Gründe untersuchen.

(Chinesische Weisheit)

Der Weise mißt niemandem wegen seiner Worte Bedeutung bei und achtet Worte nicht gering, weil ein Unbedeutender sie gesprochen hat.

(Chinesische Weisheit)

17. April

Auf den ersten Blick scheint es unbegründet, die Zweckmäßigkeit der Selbstverleugnung um der Selbstverleugnung willen zu be-

---

[66] Wörtlich lautet die Stelle: „Es sagte ein Galiläer: Wenn der Hirt seiner Herde zürnt, so setzt er einen blinden Leithammel über sie."

haupten, wo sie aus soviel anderen Gründen täglich in weit höherem Maße erforderlich ist, als wir sie zeigen. Aber ich denke, daß gerade infolge des Umstandes, daß Selbstverleugnung nicht genügend anerkannt wird, oder an und für sich als lobenswert gilt, wir nicht imstande sind, sie zu zeigen, wenn die Pflicht es erheischt. Wir zeigen sie meistens dann, wenn wir sie für vorteilhaft für uns halten.

(John Ruskin)

18. April

Wer sein Leben erhält, der wird's verlieren; wer sein Leben aber um meinetwillen verliert, dem wird's erhalten.

(Matthäus-Evangelium X, 39)

Himmel und Erde sind ewig. Der Grund dessen, daß Himmel und Erde ewig sind, besteht darin, daß sie nicht für sich existieren.

Das ist der Grund, weshalb sie ewig sind.

Deswegen macht der Weise sich von sich selbst los und wird dadurch errettet. Das kommt daher, daß er nichts für sich erstrebt. Deswegen vollendet er alles, was er nötig hat.

(Lao-Tse)

19. April

Das Privilegium der Fische, Ratten und Wölfe besteht darin, gemäß dem Gesetz von Angebot und Nachfrage zu leben; als Lebensgesetz der Menschheit aber gilt Gerechtigkeit.[67]

(John Ruskin)

Eins nur im Leben ist wertvoll – die Wahrheit hüten und recht und billig leben; auch wenn man ununterbrochen mit menschlicher

---

[67] *Schopenhauer* (Die Tugend der Gerechtigkeit) nennt den Staat die Zwangsanstalt der Gerechtigkeit. „Weil die Forderung der Gerechtigkeit bloß negativ ist, läßt sie sich erzwingen."

Falschheit und Ungerechtigkeit zu tun hat – doch nicht aufhören, selbst fromm zu bleiben.

(Marc Aurel)

20. April

Wer viel redet, setzt seine Worte selten in Taten um. Ein Weiser fürchtet stets, daß seine Worte seinen Taten über sind.

(Chinesische Weisheit)

Weise sprechen nicht unnütze Worte, aus Furcht, ihre Taten möchten ihren Worten nicht entsprechen.[68]

(Chinesische Weisheit)

21. April

Sechs Dinge sind beim Menschen in Gebrauch, von diesen stehen drei in seiner Macht und drei nicht in seiner Macht. Augen, Ohren und Nase sind nicht in seiner Macht, denn mit ihnen sieht, hört und riecht er auch das, was er nicht will. Lippen, Hände und Füße aber sind in seiner Macht: wenn er will, so sprechen seine Lippen fromme Worte oder tragen Schmähungen und Verleumdungen herum; die Hand gibt Almosen oder eignet sich fremdes Eigentum an, oder tötet sogar; der Fuß geht an einen schlechten Ort oder in das Haus des Weisen.

(Talmud)

---

[68] Im *Talmud* heißt es: „Nichts Besseres für den Menschen als Schweigen; denn wer viele Worte macht, kann Fehler nicht vermeiden." Vergl. 24. April.

22. April

Nur den nenne ich einen richtigen Fuhrmann, der seinen Zorn im Zaume hält, der ihn dahinträgt, gleich einem jagenden Wagen; die anderen aber, die Schwachen, halten nur die Zügel.[69]

(Dhammapada)

Unser Zorn und Unwille tun uns mehr Schaden, als das, was sie veranlaßt.

(Lubbock)[70]

23. April

Der wahre Glaube ist nicht darauf gerichtet, den Menschen Ruhe zu verschaffen, sondern ihnen Kraft zur Arbeit zu verleihen.

(John Ruskin)

Arbeite beständig, halt die Arbeit nicht für ein Unglück oder eine Last und wünsch dir für sie kein Lob, keine Teilnahme, kein Bedauern. Das Gemeinwohl ist es, das du wünschen mußt.

(Marc Aurel)

24. April

Ist eine Rede gut, gibt es nicht Besseres, ist sie böse, nichts Häßlicheres.

(Talmud)

---

[69] Wörtliche Übersetzung (nach Rhys Davids, resp. Pfungst): „Wie einem abwärts rollenden Wagen, wer so den Zorn hemmt, wenn er in ihm aufsteigt, ein Fuhrmann der ist; die anderen halten die Zügel nur in der Hand." *Dhammapada* 222. – Ich finde ähnliche indische Sprüche (bei Böhtlingk). „Hat man den Sinnen wie Pferden auf der Landstraße freien Lauf gelassen, dann sucht man sie mit festem Willen zu lenken: mit festem Willen bezwingt man sie sicher." – „Wenn sich die Sinne in den sie mit sich fortziehenden Sinnesgegenständen ergehen, dann soll der Weise sich bemühen, sie zu bändigen wie der Wagenlenker die Rosse."
[70] Sir *John Lubbock*, geb. 1834 in London. Engl. Gelehrter und Bankier, Parlamentsmitglied. Als Naturforscher auf Darwin fußend. Die meisten seiner Schriften sind ins Deutsche übersetzt.

Er hat sein ganzes Leben unter Weisen zugebracht und nichts Besseres gefunden als Schweigen.

(Talmud)

Am Redseligen geht die Sünde nicht vorbei.

(Talmud)

Wenn Reden einen Groschen gilt, gilt Schweigen zwei.[71]

(Talmud)

Wenn Schweigen dem Verständigen geziemt, so um so mehr dem Dummkopf.

(Talmud)

25. April

Alles, was ihr wollt, daß euch die Leute tun sollen, das tut ihr ihnen; darin liegt das Gesetz und die Propheten.[72]

(Matthäus-Evangelium VII, 12)

Ein Weiser wurde gefragt: gibt es ein Wort, das man zu seinem Heil bis ans Lebensende befolgen kann?

Der Weise sprach: es ist das Wort „Schu", sein Sinn ist der: was wir nicht wollen, das uns geschehe, sollen wir anderen nicht antun.[73]

(Chinesische Weisheit)

---

[71] Vielleicht ist der *Talmud* die Quelle des Sprichwortes: „Reden ist Silber, Schweigen ist Gold." Vergl. 20. April.

[72] Vergl. Luk. 6, 31 und Tobias 4, 16.

[73] Im Chinesischen ist also der Ursprung des allbekannten Sprichwortes zu suchen!

26. April

Solange du nicht deine wollüstige Anhänglichkeit an das Weib mit Stumpf und Stiel vernichtest, hängt dein Geist am Irdischen wie ein Saugkalb an seiner Mutter.[74]

Menschen, die der Wollust ergeben sind, rennen umher, wie Hasen in der Falle; ewig in Bande der Wollust verstrickt, geraten sie stets in neue Leiden.

(Dhammapada)

27. April

Die einen suchen ihr Heil in der Macht, die anderen in der Wissenschaft, die dritten in der Wollust. Die aber ihrem Heile wirklich nahe sind, sehen ein, daß dieses nicht in dem bestehen kann, was nur einige Leute besitzen und nicht alle. Sie begreifen, daß das wahre Heil allen Menschen auf einmal gehören kann, ohne Teilung und ohne Mißgunst; es ist so beschaffen, daß niemand es ohne seinen Willen verliert.

(Blaise Pascal)

28. April

Sieh jenen nackten, hinfälligen, von Begierden eingenommenen Körper gleich einem Schatten; keine Kraft ist in ihm, er kann sich nicht wehren, der Körper ist schwach und hinfällig, als wollte er jeden Augenblick zerbröckeln; das Leben in ihm geht schon in Tod über ... Der kahle Schädel gleicht einem Kürbis, den der Herbst abgerissen hat ... Kann der sich noch freuen und lustig sein?

---

[74] *Indische Sprüche*: „Der Mann, der in ihre (der Weiber) Hände geraten ist, kommt nicht wieder los; wie die Kühe stets nach frischem Grase, so greifen sie stets nach einem frischen Mann! – „Es ist der Weiber Art, die Männer hier im Leben zu verderben; darum sind Verständige in bezug auf die Weiber auf ihrer Hut! – „Hänge nicht zu sehr an den Weibern, sonst wächst die Macht der Frauen dir über den Kopf, denn diese spielen mit gar zu verliebten Männern wie mit Krähen, denen die Flügel beschnitten sind."

Eine Burg war gebaut aus Knochen, mit Fleisch bedeckt und dem Safte des Blutes genährt; jetzt hausen in ihr das Alter und der Tod, Stolz und Hochmut … Die kostbaren Königswagen zerbrechen[75], das Alter weiht den Körper der Vernichtung; nur die Lehre der Guten wird nicht alt, geht nicht zugrunde – das mögen die Edeln den Edeln verkünden.[76]

(Dhammapada)

29. April

Fürchte die Unwissenheit, aber mehr noch fürchte falsches Wissen. Wende dein Gesicht ab von der Welt des Truges und vertrau nicht deinen Sinnen – sie lügen; sondern in dir selbst, im Unpersönlichen, suche den ewigen Menschen.

Wirklich: Unwissenheit gleicht einem verdeckten, luftleeren Gefäß; die Seele ist darin eingeschlossen wie ein Vogel, singt nicht und kann die Schwingen nicht ausbreiten. Aber selbst Unwissenheit ist besser als Kopfgelehrsamkeit, die von Seelenweisheit nicht erleuchtet wird.

(Buddhistische Weisheit)[77]

---

[75] „Die kostbaren Königswagen zerbrachen" ist wörtlich und bildlich zugleich zu verstehen. Der Wagen spielt in der indischen Mythologie eine große Rolle. „Vimana" ist der durch die Luft fliegende palastähnliche Wagen der Götter, der die Welt durchmißt. – Buddha wird „Chakravartin" genannt, der die Räder seines Wagens ungehemmt über die Länder rollen läßt = Weltbeherrscher

[76] *Indischer Spruch:* „Der Körper ist leider gekrümmt, der Gang bedarf des Stabes als Stütze, die Zahnreihe ist ausgefallen, die Ohren wollen nicht mehr hören, das Haupt ist weiß, die Augen mit einem Star bezogen, und dennoch fühlt mein schamloses Herz Verlangen nach den Sinnesgegenständen."

[77] *Buddha.* Sein Familienname war Gautama, er wurde um 500 v. Chr. nördlich von Benares in einem arischen Stamme der Sakyas als Königssohn geboren, begab sich im 29. Jahre plötzlich in die Einsamkeit, nachdem ihm die Gottheit in vier Gesichtern erschienen war: unter der Gestalt eines von Alter gebeugten Mannes, eines Kranken, eines verwesenden Leichnams und eines Klausners. Nach eingehenden religiösen und philosophischen Studien trat er als Lehrer auf und erwarb sich eine Anhängerschaft, die heute, 2400 Jahre nach seinem Tode, auf 500 Millionen Menschen geschätzt wird, also bei weitem die verbreitetste Religion zur Grundlage hat. Buddha hat seine Lehre selbst ausgearbeitet, der lehrhafte Teil der buddhistischen Schriften ist meistens authentisch, später ist aber

30. April

Deine Ideale liegen in dir selbst. Was dich hindert, sie zu erreichen, liegt ebenfalls in dir. Deine Beschaffenheit ist das Material, aus dem du die Ideale verwirklichen mußt.

Ein Philosoph ist nur, wer das Höchste zu seinem Standpunkte herabzieht und das Niedrigste zu demselben Standpunkte erhebt – der sich allen Lebewesen gleich und mit ihnen verbrüdert fühlt.

(Carlyle)[78]

1. Mai

Wenn du liebst, wenn du betest, wenn du leidest, bist du – Mensch.
(Indischer Spruch)

Ein Vernünftiger liebt nicht, weil es ihm Vorteil bringt, sondern weil er in der Liebe sein Glück findet. Ein Vernünftiger weiß, daß es ein höchstes unendliches Wesen gibt, von dem alles abhängt. Ein Vernünftiger weiß, daß Leiden ihm nicht angeboren ist.

(Blaise Pascal)

2. Mai

Nichts ist verborgen, was nicht offenbar werden, nichts geheim, was nicht bekannt werden und ans Licht kommen soll.
(Lukas-Evangelium VIII, 17)

Und ist etwas noch so klein – es kommt doch ans Licht; und ist es noch so verborgen – es wird dennoch offenbar. Wird aber die Entdeckung unterdrückt, so guckt das Geheimnis durch eine Ritze.

(Confucius)

---

der Buddhismus nicht nur äußerlich von Formelkram überwuchert, sondern auch innerlich verdorben und entstellt.

[78] *Thomas Carlyle* (1795-1881), bekannter englischer Schriftsteller, der sich auch viel mit deutscher Literatur und Geschichte (Friedrich der Große) beschäftigt hat.

3. Mai

Tu Buße einen Tag vor deinem Tode; das heißt: jeden Tag. In diesem Sinne sagt König Salomo: „Deine Kleider sollen jederzeit weiß sein, und das Öl auf deinem Haupte darf nicht den Duft verlieren." Das kann man aus folgendem Gleichnis ersehen: Ein König lud seine Diener zum Mahl, bestimmte aber keine Zeit, wann es sein sollte. Die Klugen machten sich zum Königsmahl rechtzeitig bereit, im Glauben, daß im Palast zum Mahle alles fertig sei. Die Dummen aber dachten anders: „Wir haben Zeit, denn zu einem Königsmahl sind große Vorbereitungen nötig." Aber da erging plötzlich der Ruf des Königs: die Klugen erschienen in festlichen Gewändern, die Dummen hatten sich nicht schmücken können. Der König freute sich über die ersten und ward zornig über die anderen und sprach: „Die sich gerüstet haben, sollen sich setzen und am Mahl teilnehmen, die sich nicht gerüstet haben, sollen stehen und zusehen."[79]

(Talmud)

4. Mai

Ihr müßt euch freuen bei dem Gedanken, daß Gott unermeßlich mehr Schönes geschaffen hat, als der Blick des Menschen erfassen kann; ihr müßt aber traurig werden bei dem Gedanken, daß der Mensch weit mehr Böses verübt, als seine Seele fassen, seine Hand bessern kann.

(John Ruskin)

Das Hauptgeheimnis, sich seine Heiterkeit zu bewahren, besteht darin, daß man sich durch Lappalien nicht beunruhigen läßt und die kleinen Amüsements, die auf unseren Teil entfallen, zu schätzen weiß.

(Smiles)[80]

---

[79] *Emanuel Deutsch* übersetzt den Schluß aus dem Talmud: „… die Klugen, welche sich in ihren besten Gewändern vorstellten, wurden gut aufgenommen, die Törichten aber in ihren Alltagsgewändern wurden schmählich fortgewiesen: gehe du heute in dich; du möchtest morgen schon abberufen werden." (Vergl. Jes. 65, 13.)

[80] *Samuel Smiles*, engl. Schriftsteller, geb. 1816, am bekanntesten ist sein Werk „*The character*" (deutsch 1878).

5. Mai

Niemand ist jemals müde geworden, sich alle möglichen Güter zu verschaffen. Das höchste Gut aber, das der Mensch erlangen kann, ist: dem Vernunftgesetz gemäß handeln. Dieses Gesetz befiehlt uns, unablässig anderen Gutes zu tun. Darin liegt das höchste Gut für uns selbst.

(Marc Aurel)

Böses vergilt mit Gutem.

(Talmud)

Wie soll man sich an seinem Feind rächen? Indem man sich bemüht, ihm möglichst viel Gutes zu tun.[81]

(Epiktet)

6. Mai

Wer Unverdorbenheit für Verdorbenheit und Verdorbenheit für Unverdorbenheit hält, ist im Irrwahn und betritt den Pfad des Verderbens.

Nur der betritt den Pfad des Heils, der der richtigen Lehre folgt und Verdorbenheit für Verdorbenheit und Unverdorbenheit für Unverdorbenheit hält.[82]

(Dhammapada)

Wenn ein Hochgelehrter Vernünftiges hört, wird er versuchen, es zu verwirklichen. Wenn ein mittelmäßiger Gelehrter Vernünftiges hört, wird er sich zeitweilig danach richten, zeitweilig aber auch nicht. Wenn ein schlechter Gelehrter Vernünftiges hört, wird er darüber spotten. Die Vernunft wäre nicht Vernunft, wenn nicht über sie gespottet würde.[83]

(Laotse)

---

[81] Ein indischer Spruch: „Durch Sanftmut besiege man den Zornigen, durch Güte den Bösen, durch Spenden den Geizhals, durch Wahrheit den Lügner" (*Mahabharata* 1518).
[82] Vergl. *Dhammapada*, 21. Jan. Anmerkung
[83] Vergl. Lao-Tse, 20. Dezember.

7. Mai

Das Böse existiert nicht für die unbelebte Natur, aber es existiert für jeden Menschen, dem das Bewußtsein des Guten, und die Freiheit der Wahl zwischen gut und böse gegeben ist.

(Marc Aurel)

Alles kommt von Gott, und deswegen ist alles gut – das Böse ist ebenfalls Gutes, das wir bei unserer Kurzsichtigkeit nur nicht als solches erkennen.

(Blaise Pascal)

Wer noch nicht dahin gelangt ist, zwei Wahrheiten zu erkennen, die sich gegenseitig widersprechen, der hat noch nicht zu denken begonnen.[84]

(L. T.)

8. Mai

Jeder von uns hat gelernt, täglich zu beten: „Dein Reich komme." Wenn wir hören, wie jemand auf der Straße schwört, sind wir unwillig und sagen, daß er den Namen Gottes mißbraucht. Wir selbst mißbrauchen aber den Namen Gottes weit mehr, wenn wir ihn um etwas bitten, was uns gar keine Sorge macht und was wir gar nicht nötig haben. Gott liebt solche Bitten nicht. Wenn ihr etwas nicht nötig habt, bittet nicht darum. Solche Gebete sind der schlimmste Spott über Gott; die heidnischen Krieger, die ihm mit Ruten an den Kopf schlugen (Anmerkung [84a]), spotteten nicht so über ihn, wie wir.

---

[84] *Tolstoi* teilt uns nicht mit, in welch verschiedener Bedeutung er das Wort „Wahrheit" (russ. *Istina* = Gewißheit) gebraucht, um zu seinem paradoxen Schluß zu gelangen. Nach Tolstoi hätte z. B. Schopenhauer noch nicht zu denken begonnen, der im 2. Band der „*Welt als Wille und Vorstellung*", 1. Buch, 9. Kap. schreibt: „… hiernach ist leicht abzusehen, daß nie eine Wahrheit die andere umstoßen kann, sondern alle zuletzt in Übereinstimmung sein müssen; weil im Anschaulichen, ihrer gemeinsamen Grundlage, kein Widerspruch möglich ist. Daher hat keine Wahrheit die andere zu fürchten."

[84a] Im *Talmud* findet sich der Spruch: „Schlage die Götter und die Priester werden zittern."

Wenn wir die Wiederkehr seines Reiches nicht wünschen, dürfen wir auch nicht darum beten; wenn wir sie aber wünschen, müssen wir nicht nur darum beten, sondern müssen auch für diese Wiederkehr arbeiten.

(John Ruskin)

9. Mai

Wer sein Leben erhalten will, der wird es verlieren; wer aber sein Leben um meinetwillen verliert, dem bleibt es erhalten. Was hülfe es dem Menschen, wenn er die ganze Welt gewönne und nähme Schaden an seiner Seele? Oder was kann ein Mensch als Lösegeld geben für seine Seele?

(Matthäus-Evangelium XVI, 25-26)

Wann bist du nicht Leib, sondern Seele des Menschen? Wenn du die Glückseligkeit der Liebe zu allen begriffen, dich durch Lebensklugheit von Leid und Lust befreit hast, dich nicht um dein Glück bemühst, damit man dir mit Leben oder Tod diene; wenn du einsiehst, daß das wahre Heil stets in deiner Macht ist und weder von der Schönheit der Natur noch der anderer Menschen abhängt.

(Marc Aurel)

10. Mai

Um Wissen zu erlangen, muß man das Wesen der Dinge erforschen; wer also wahres Wissen erlangen will, muß die Ursachen oder Gesetze erforschen, denen alle Dinge folgen.

Die Seele des Menschen, vernünftig von Natur, kann Kenntnis der Ursachen und Gesetze aller Dinge erlangen, da jedes Ding eine bestimmte Ursache hat und nach bestimmten Gesetzen existiert. Deswegen erlangt jeder, der dauernd und unermüdlich diese Ursachen und Gesetze studiert, Wissen. Wer wahres Wissen erlangt hat, dem ist das Wesen der Dinge und die Menschenseele klar und verständlich. Dieses wahre Wissen heißt vollendete, wirkliche Weisheit.

(Confucius)

Wirklich ist nur, was unsichtbar, unfühlbar, was geistig ist, und was wir in uns und durch uns erkennen. Alles Sichtbare und Fühlbare aber ist das Produkt unserer Sinne und deswegen nur scheinbar.[85]

(L. T.)

11. Mai

Der Schöpfer selbst hat die Bestimmung getroffen, daß als Maßstab aller menschlichen Handlungen nicht ihr Vorteil, sondern die Gerechtigkeit gelten soll! Folglich sind alle Bemühungen, den Grad des Vorteils zu bestimmen, stets vergeblich. Kein Mensch wußte jemals, weiß jemals und kann jemals wissen, welches Endresultat für ihn und andere eine bestimmte Handlung oder eine ganze Reihe von Handlungen haben werden. Aber jedermann kann wissen, welche Handlung gerecht ist und welche nicht. Und wir alle können ebenso wissen, daß die Folgen einer gerechten Handlungsweise schließlich für andere wie für uns die allerbesten sein werden, wenn wir auch nicht im voraus anzugeben vermögen, wie und was dieses Allerbeste ist.

(John Ruskin)

12. Mai

Ein weiser Mann findet stets Hilfe, weil seine Gabe darin besteht, aus allem und jedem das Gute herauszuziehen.[86]

(John Ruskin)

Ein Weiser verlangt alles nur von sich; ein Dummer alles von anderen.

(Chinesische Weisheit)

---

[85] Hier nähert sich *Tolstoi* Kant, der allerdings nicht behauptet, daß die Sinnenwelt bloßer Schein sei, sondern daß alle Dinge in Raum und Zeit seien, daß wir nicht „Dinge an sich", sondern nur Erscheinungen kennen. Vergl. den Schleier der Maya.

[86] *Goethe* schreibt in seinen Maximen und Reflexionen: „Geselligkeit lag in meiner Natur; deswegen ich bei vielfachem Unternehmen mir Mitarbeiter gewann ..." und „Mein ganzes inneres Wirken erwies sich als eine lebendige Heuristik ...".

13. Mai

Was nach weltlicher Lehre als Schwerstes gilt, ist nach Christi Gebot das Leichteste, und umgekehrt.

Nach der weltlichen Lehre ist ein Leben nach Christi Gebot sehr schwer; für Christen ist es leicht.

Nah der weltlichen Lehre ist nichts besser als Reichtum und Macht; für Christen ist nichts schwerer als ein Leben mit Reichtum und Macht.

(Blaise Pascal)

Müssen wir nicht nach einem derartig idealen Volksleben trachten, daß Rangerhöhungen auf der sozialen Stufenleiter weniger etwas Anziehendes, als vielmehr gerade die Besten Abschreckendes haben?

(John Ruskin)

14. Mai

Den Weisen betrübt sein Unvermögen, das Gute zu tun, was er möchte; nicht aber betrübt es ihn, wenn die Menschen nichts davon wissen oder falsch darüber urteilen.

(Chinesische Weisheit)

Im Bemühen um das Glück anderer finden wir unser eigenes Glück.
(Plato)[87]

„Tut Gutes im Leben und im Sterben" – sonst bricht unweigerlich der Tag herein, wo ihr nicht zum Guten, sondern zum Bösen schafft.[88]

(John Ruskin)

---

[87] *Platon*, berühmter griech. Philosoph (429-347 v. Chr.), Schüler des Sokrates. Lehrte u. a., daß die Idee des Guten der letzte Grund alles Erkennens und Seins sei.

[88] Ein *indischer Spruch*: „Wie die leeren Körner im Getreide, wie die Iltisse unter den Vögeln, wie die Mücken unter den Menschen, so sind diejenigen, bei denen nicht die Tugend der Beweggrund der Handlungen ist."

15. Mai

Wir lieben deswegen Unvollkommenheit an den Dingen, die von Gott bestimmt ist, damit das Lebensprinzip Anstrengung, das Urteilsprinzip aber Milde sei. Nur bei Gott ist Vollkommenheit; je vollkommener aber der Verstand des Menschen ist, um so mehr fühlt er den in dieser Hinsicht unendlichen Unterschied zwischen Gottes- und Menschenwerk.

(John Ruskin)

16. Mai

Dieses Volk macht sich an mich heran mit seinem Munde und ehrt mich mit seinen Lippen, doch ihr Herz ist ferne von mir. Aber vergeblich ehren sie mich, denn ihre Lehren sind Menschengebote.

(Matthäus-Evangelium XV, 8-9)

Wem ist ein Gelehrter und Gottesfürchtiger zu vergleichen? Einem Meister mit Handwerkszeug; der Gelehrte, dessen Herz nicht von Gottesfurcht erfüllt ist, einem Meister ohne Handwerkszeug; der Gottesfürchtige ohne Gelehrsamkeit einem Manne mit Handwerkszeug, der aber das Handwerk nicht kennt.

(Talmud)

17. Mai

Es ist physisch einfach unmöglich, daß in den Volksklassen, die ihren Lebensunterhalt nicht durch ihrer Hände Arbeit verdienen, wahre Religiosität und sittliche Reinheit existieren.

(John Ruskin)

Niemand kann wissenswerte Dinge jemandem auf andere Weise beibringen als durch der Hände Arbeit. Das Brot des Lebens gewinnt man aus der Hülle, die das Korn umgibt, nur, indem man diese mit den Händen zerreibt.[89]

(John Ruskin)

---

[89] Vergl. 6. März und Anmerkung 46.

18. Mai

Sei gegen niemanden grob und mürrisch: er kann leicht ebenso gegen dich sein. Wut zieht schmerzliche Folgen nach sich, Schläge werden mit Schlägen erwidert.

(Dhammapada)

Komm jedermann mit deinem höflichen Gruß zuvor.[90] Es genügt nicht, sich nur gelegentlich mit Bekannten auf guten Fuß zu stellen, mit dem Nächsten keinen Streit anzufangen, oder seinen Gruß zu erwidern; nein, man muß gutes Einvernehmen anbahnen, Zank und Streit zuvorkommen, indem man ihr Entstehen verhindert, denn wenn bereits eine Einmischung erforderlich ist, was kann dann noch den Erfolg verbürgen?

(Talmud)

19. Mai

Denk daran, wenn du dich wahrhaft frei machen willst, daß du stets bereit sein mußt, Gott das zu geben, was du von ihm empfangen hast. Du mußt nicht nur zum Tode, sondern zu qualvollen Leiden und Foltern bereit sein. Wie oft ist es vorgekommen, daß ganze Städte und Völker ihr Leben nicht für die wahre, sondern für die falsche, weltliche Freiheit hingegeben haben; wieviel Menschen haben sich umgebracht, um drückenden Leiden zu entgehen! Wenn sogar dem falschen Glück solche Opfer gebracht werden, was ist dann Wunderbares dabei, daß man wahre Freiheit nicht ohne Mühe und körperliche Leiden erlangen kann. Wenn du aber solchen Preis für deine Freiheit nicht bezahlen willst, bleibst du dein ganzes Leben lang ein Sklave unter Sklaven, wenn dir auch alle möglichen Ehren erwiesen werden und du selbst Kaiser bist.

(Epiktet)

---

[90] *Goethe*: „Es gibt kein äußeres Zeichen der Höflichkeit, das nicht einen sittlichen Grund hätte." – *Indische Weisheit*: „Weder der Mond, noch ein Teich mit blühendem Lotos erfreuen die Herzen in dem Maße, wie das Betragen eines guten Menschen."

20. Mai

Gute Werke tut man nicht aus Haß oder um Lohn, sondern nur aus Liebe.

(John Ruskin)

Wenn du jemandem Gutes getan hast, und dieses Gute hat Frucht getragen, was trachtest du dann unvernünftigerweise noch nach Lob oder Lohn für dein gutes Werk?

(Marc Aurel)

Gute Werke so dicht hintereinander tun, daß nicht der geringste Zwischenraum bleibt – das nenne ich das Leben genießen.

(Marc Aurel)

21. Mai

Wahrhaft große Menschen haben ein wunderbares Bewußtsein ihrer Schwäche; sie fühlen nämlich, daß das Große nicht in ihnen, sondern nur durch sie geschieht, und daß sie nur das sein und tun können, was Gott in sie hineingelegt hat.

(John Ruskin)

Wer dem Ruhm nachjagt, vor dem läuft er weg; wer ihn aber meidet, an dessen Versen haftet er sich.

Wer sich bemüht, Gottes Ruhm zu vermehren, ohne sich um seinen eigenen zu kümmern, der vergrößert Gottes Ruhm und gleichzeitig seinen eigenen.

Wenn aber jemand, ohne für Gottes Ruhm zu sorgen, nur auf seinen eigenen sinnt, so bleibt Gottes Ruhm bestehen, sein eigener aber verringert sich.

(Talmud)

22. Mai

Wenn die Menschen Böses tun, tun sie es sich selbst; dir können sie nichts Böses tun. Du bist nicht dazu geboren, Böses zu tun und mit den Menschen zu sündigen, sondern ihnen bei guten Werken zu helfen und darin dein Glück zu finden.

Merk dir, daß, wenn jemand unglücklich ist, er selbst die Schuld daran trägt, weil Gott alle Menschen zu ihrem Glück geschaffen hat, aber nicht zum Unglück.

Von alledem, was Gott uns in diesem Leben freistellt, hat er etwas ganz uns selbst überlassen, es bildet gleichsam unser Eigentum; das andere aber steht außer unserer Macht, gehört uns gewissermaßen nicht: alles, was andere uns durch Zwang und Gewalt antun oder uns nehmen können, gehört uns nicht, aber alles, was niemand und nichts stören und schädigen kann, bildet unser Eigentum. Gott aber gab uns in seiner Güte als unser Eigentum gerade das, was wirklich das Heil bedeutet. Das heißt, Gott ist nicht unser Feind; er handelt mit uns wie ein guter Vater: er gibt uns nicht das, was uns nicht dienen kann.

Deswegen bekümmert sich ein Weiser nur darum, den Willen Gottes zu erfüllen, und denkt in der Tiefe seiner Seele: Wenn du, o Gott, wünschest, daß ich noch lebe, werde ich so leben, wie du befiehlst, werde die Freiheit, die du mir in allem gabst, was mir zukommt, richtig benutzen. Wenn du mich aber nicht mehr nötig hast, mag dein Wille geschehen. Ich habe bis jetzt auf Erden nur gelebt, um dir zu dienen; wenn du mir den Tod schickst, gehe ich aus der Welt, gehorsam wie ein Diener, der Befehle und Verbote seines Herrn versteht. So lange ich aber auf Erden weile, will ich sein, der ich sein soll.

(Epiktet)

23. Mai

Es entstand aber auch ein Streit unter ihnen, wer von ihnen für den Größten zu halten sei. Jesus aber sprach zu ihnen: „Die Könige herrschen über Völker, und ihre Machthaber lassen sich Wohltäter nennen. So sollt ihr es nicht machen, sondern der Größte unter euch soll sein wie der Geringste und der Vorsteher wie der Diener. Denn wer ist größer: der an der Tafel sitzt, oder der bedient? Doch wohl, der an der Tafel sitzt. Ich bin aber in eurer Mitte wie einer, der bedient.

(Lukas-Evangelium XXII, 24-27)

Nichts in der Welt ist weicher und nachgiebiger als das Wasser; wenn es aber auf etwas Hartes und Festes stößt, kann nichts stärker sein. Der Schwache besiegt den Starken. Der Sanfte besiegt den Harten. Alle Welt weiß es, aber niemand will danach handeln.

(Lao-Tse)

Wie bald kommt deine Sterbestunde! Dabei kannst du dich noch immer nicht von Verstellung und von Leidenschaften frei machen und nicht von dem Vorurteil lassen, daß die Außenwelt dem Menschen zu schaden vermag; auch bringst du es nicht fertig, mit jedermann freundlich zu sein.

(Marc Aurel)

24. Mai

Beseitige einen Fehler, und zehn verschwinden.

(Rod)[91]

Es gibt Laster, die nur vermöge anderer an uns haften und die fortfallen, wenn wir die Grundfehler vernichten, wie die Zweige fallen, wenn man den Stamm umhaut.

(Blaise Pascal)

25. Mai

Jeder von uns, vom Kaiser bis zum gemeinen Manne, muß sich vor allem um sittliche Vervollkommnung bemühen, da diese die Quelle des Gemeinwohls ist. Denn wenn der Anfang nicht vollkommen ist, wie kann das Ende es sein?

(Confucius)

---

[91] Der Französisch-Schweizer Romanschriftsteller *Édouard Rod*.

Wie ein Schütze seinen Pfeil, so richtet der Weise seine schwanken-
den und störrischen Gedanken auf da Ziel.

(Dhammapada)

Sonderbar; uns empört das Böse, das von außen, von anderen
kommt, das wir nicht beseitigen können, wir kämpfen aber nicht mit
dem Bösen in uns, das in unserer Macht ist.

(John Ruskin)

26. Mai

Nach den Gedanken, die jemand ausspricht, kann man nicht beurteilen, wie er in der Tat mit uns verfahren würde. Ebenso ist es umgekehrt; nach den Taten jemandes kann man schwer bestimmen,
warum er so handelt, welche Gedanken in seinem Kopfe, welche
Triebe in seiner Seele wohnen. Wenn ich sehe, wie jemand unermüdlich vom Morgen bis zur Nacht sich abmüht, liest, schreibt oder
arbeitet, oder sogar ganze Nächte vergeblich hinter seiner Arbeit
sitzt, so sage ich noch nicht, daß dieser Betreffende die Arbeit liebt,
oder zum Nutzen der Menschen arbeitet, wenn ich nicht weiß, weshalb er alles das tut. Wird doch niemand von einem Menschen, der
ganze Nächte mit liederlichen Weibern zecht, sagen, daß er nützlich
wirke oder die Arbeit liebe. Und nicht allein häßliche, sondern auch
schöne Werke werden oft in häßlicher Absicht, z. B. um des Geldes
oder des Ruhmes willen ausgeführt; und man kann von jemandem,
der so verfährt, nicht sagen, daß er fleißig und nutzbringend wirke,
mag sein Schaffen noch so unermüdlich und seine Werke noch so
berühmt sein. Ich nenne jemanden nur dann arbeitsam und gemein-
nützig, wenn ich erfahre, daß er für sein Seelenheil schafft, um Gottes und der Menschen willen.

Fremde Herzen sind aber dunkel; wie kann ich also die inneren
Triebe jemandes erkennen, die nur ihm selbst offenbar sind?

So folgt also, daß ein Mensch den anderen weder in gutem noch
in bösem Sinne beurteilen, ihn weder loben noch tadeln kann.

(Epiktet)

27. Mai

Wer seine Dummheit einsieht, hat noch Verstand; aber der ist wirklich ein Dummkopf, der von seiner Weisheit fest überzeugt ist.

Sein ganzes Leben bringt der Dumme neben Weisen hin und erkennt doch nicht die kleinste Wahrheit, wie der Löffel nie den Geschmack einer Speise wahrnimmt.

(Dhammapada)

Wir müssen denen dankbar sein, die uns auf unsere Fehler aufmerksam machen. Wenn auch die Fehler durch solchen Hinweis nicht verschwinden, weil wir zu viele besitzen, so beginnen sie, nach ihrem Bekanntwerden, uns innerlich zu beunruhigen, quälen das Gewissen, und so bemühen wir uns, von ihnen frei zu kommen und uns zu bessern.

(Blaise Pascal)

28. Mai

Nicht deshalb ist der Mensch Herrscher, weil er lebende Wesen unbarmherzig quält, sondern weil er Mitleid mit allem Lebendigen hat. Deswegen ehrt man ihn mit dem Namen des Auserwählten, des Herrschers.

(Dammapada)

Jemanden vollständig würdigen können nur die, die ihm gleich sind oder über ihm stehen.

Alles Wahre und Eigentümliche (Charakteristische) im Menschen kennt nur Gott.

(Marc Aurel)

Gott tritt für den Verfolgten ein, ob nun ein Gerechter einem Gerechten oder ein Böser einem Bösen nachstellt – stets ist Gott auf der Seite des Verfolgten, wer dies auch sei.

(Talmud)

29. Mai

Bedenke, daß die charakteristische Eigenschaft eines vernünftigen Wesens freiwillige Unterordnung unter sein Schicksal ist, nicht aber schimpflicher Kampf wie bei Tieren.

(Marc Aurel)

Wer ist weise? – wer bei allen etwas lernt.
   Wer ist stark? – wer sich selbst bezwingt.
   Wer ist reich? – Wer mit seinem Schicksal zufrieden ist.

(Talmud)

Was ist uns näher – Ehre oder Leib? Was ist uns näher – Leib oder Gut? Was ist schwerer – Erwerb oder Verlust? – Wer viel hat, kann viel verlieren. Wer zufrieden ist, wird nicht gedemütigt. Wer seine Grenzen kennt, geht nicht zugrunde.

(Lao-Tse)

30. Mai

Wohlan, ihr Reichen: weint und klagt über das Unglück, das euch bevorsteht. Euer Reichtum ist vermodert und eure Kleidung fressen Motten. Euer Gold und Silber ist verrostet, und der Rost wird gegen euch zeugen und euren Leib wie Feuer verzehren: ihr habt euch Schätze gesammelt an den letzten Tagen. Seht, der Lohn, den ihr Arbeitern vorenthalten habt, die eure Felder gemäht haben, schreit vor euch her; und das Geheul der Schnitter ist zu Ohren des Herrn Zebaoth gedrungen.[92]

(Jakobus-Brief V, 1-4)

---

[92] „Mit Geld fängt man Geld, wie mit zahmen Elefanten wilde Elefanten, und wenn die Arbeit vollbracht ist, kümmert sich niemand um den, der sie vollbracht hat." – „Der Mensch mag immerhin von den großen Leiden in der Hölle reden, ein größeres Leiden jedoch als die Armut hat es nicht gegeben und wird es auch nicht geben." – „Unheimlich wie ein sternenloser Himmel, wie ein ausgetrockneter Teich, wie eine grauenerregende Leichenstätte ist das Haus eines Armen, sollte es sonst auch lieblich anzuschauen sein." – „Soll zwischen Armut und Tod gewählt werden, so erkläre ich, daß der Tod mir lieber als Armut ist: der Tod ist mit geringen Leiden verbunden, die Armut ist endloser Schmerz." (*Indische Sprüche.*)

31. Mai

Um etwas gut und richtig zu machen, muß man es verstehen. Das begreift jeder. Ebenso muß man, um gut und richtig zu leben, ohne Zwang leben können und wollen.

(Epiktet)

Um Geduld zu lernen, muß man sie üben, wie beim Musikunterricht. Wenn aber der Lehrer kommt, hapert's fast immer.

(John Ruskin)

1. Juni

Laß den Mut nicht sinken und verzweifle nicht, wenn es dir nicht gelingt, all das Gute, was du möchtest, wirklich auszuführen.

Bist du von deiner Höhe herabgestürzt, bemüh dich, wieder hinaufzukommen – trag geduldig die Prüfungen des Lebens und geh bereitwillig und mit Bewußtsein auf deinen Ursprung zurück.

(Marc Aurel)

Ein leichtes Leben führen der Schamlose, der Prahlhans, der Schlaukopf, der Nörgler, der Freche und der Faulpelz; schwer ist aber das Leben dessen, der nach Sündlosigkeit trachtet, der stets sanftmütig, vernünftig, uneigennützig ist.

(Dhammapada)

Glaubt mir, daß keine Wendung zum Besseren schnell und leicht eintritt, wenn die Begleitumstände ungünstig sind und es sich um schlechte, oder auch um gute Menschen ohne bedeutende Leiden handelt.

(John Ruskin)

2. Juni

Das Suchen der Wahrheit geht nicht fröhlich vor sich, sondern in Erregung und Unruhe; man muß sie aber trotzdem suchen, weil derjenige zugrunde geht, der sie nicht findet und nicht lieb gewinnt.

Aber, wird man einwenden, wenn die Wahrheit den Wunsch hätte, gesucht und geliebt zu werden, würde sie sich uns entdecken. – Das tut sie in der Tat, aber du verwendest keine Aufmerksamkeit auf sie. Such sie also nur – sie wünscht es.

(Blaise Pascal)

Was unklar ist, muß man aufklären. Was schwer ist, muß man beharrlich tun.

(Confucius)

3. Juni

Wenn Räuber auf Straßenraub ausgehen, reist der Wanderer nicht allein; er wartet, ob nicht jemand unter Bedeckung reist, gesellt sich zu ihm und legt den Weg in Sicherheit zurück.

Ebenso verfährt der vernünftige Mensch im Leben. Er sagt sich: es gibt viel Unglück aller Art im Leben. Wie soll man da Schutz finden, wie sich vor alledem bewahren? Welchen Gefährten abwarten, um sicher zu reisen? Hinter wem herziehen, hinter diesem oder jenem? Hinter einem Reichen, einem Mächtigen, dem Kaiser selbst? Auch bei ihnen finde ich keinen Schutz, da auch sie rauben und morden, auch bei ihnen Tränen und Not sind. Ja, es kann vorkommen, daß gerade der, dessen Spuren ich folge, über mich herfällt und mich ausplündert.

Ist es wirklich nicht möglich, einen starken und zuverlässigen Gefährten zu finden, der niemals über mich herfällt, sondern stets mein Beschützer ist? Wem soll ich dann folgen?
Und der Verständige antwortet: es ist am sichersten, Gott zu folgen.
– Aber was heißt: Gott folgen?
– Es heißt: das wünschen, was er will, und nicht wünschen, was er nicht will.
– Wie kann man das aber erreichen?
– Indem man seine Gebote befolgt, die in unserem Herzen vorgezeichnet sind.[93]

(Epiktet)

---

[93] „Auch ein Schwacher gelangt ans Ziel, wenn er einen mächtigen Gefährten hat: ein Bach erreicht das Meer, wenn er sich mit einem großen Strom vereinigt." (*Indische Weisheit.*)

4. Juni

Wenn Schmeichelei einreißt, wird das Recht gebeugt, und die Sitten [werden] verdorben.[94]

(Talmud)

Nicht Meere trennen die Völker, sondern Unwissenheit, nicht Sprachverschiedenheiten, sondern Feindseligkeit.[95]

(John Ruskin)

5. Juni

Die Natur läßt niemals eine große Wahrheit von dem entdecken, der in Voraussehung ihrer Folgen der Wahrheit entsagt. Ein solcher Mensch steht bereits im Banne eines großen Betruges; er wird sich mit jeder ferneren Anstrengung weiter betrügen und an die Richtigkeit seiner Irrtümer glauben.

(John Ruskin)

6. Juni

Gebt acht, daß ihr nicht öffentlich fromme Werke in der Absicht tut, von den Leuten gesehen zu werden; sonst empfangt ihr keinen Lohn von euerm Vater im Himmel. Wenn du also Almosen gibst, posaune es nicht aus, wie die Heuchler in den Synagogen und Schulen, um von den Leuten gelobt zu werden. Wahrlich, ich sage euch: sie haben ihren Lohn schon empfangen.

(Matthäus-Evangelium VI, 1-2)

Das Allerhöchste ist, wegen einer guten Tat verurteilt werden.

(Marc Aurel)

---

[94] „Schmeichelei ist Krankheit, Rüge Arznei", lautet ein chinesisches Sprichwort; aber: „Wer keine Liebe fühlt, muß schmeicheln lernen, sonst kommt er nicht aus." (*Goethe.*)

[95] Daneben stelle man: „Die Welt am Ende des 19. Jahrhunderts steht unter dem Zeichen des Verkehrs. Er durchbricht die Schranken, welche die Völker trennen und knüpft zwischen den Nationen neue Beziehungen an." (Wilhelm J. R. Berlin 7.1.1891.)

7. Juni

Wenn du von anderen Leuten nichts erwartest und empfängst, können sie dir nicht schrecklich sein, wie eine Biene der anderen, ein Pferd dem anderen nicht schrecklich ist. Wenn aber dein Schicksal in der Macht anderer liegt, wirst du sie sicherlich fürchten. Wir müssen uns also zuerst von allem befreien, was uns nicht gehört, in dem Sinne frei machen, daß es nicht Herr über uns ist; uns befreien von der Anhänglichkeit an unseren Leib und allem, was für ihn notwendig ist; uns befreien von der Liebe zu Reichtum, Ruhm, Amt und Ehren; in diesem Sinne uns frei machen von Weib, Kindern und Brüdern. Wir müssen uns sagen, daß alles das nicht unser Eigentum ist.[96]

Sodann müssen wir nicht Gewalt mit Gewalt vernichten. Da steht ein Gefängnis. Welchen Schaden haben ich und mein Inneres davon? Warum soll ich es zerstören, warum über die Leute herfallen, die Gewalt anwenden, warum sie töten? Ihre Gefängnisse, Ketten und Werkzeuge bezwingen meinen Geist nicht. Meinen Körper können sie gefangen nehmen, aber mein Geist ist frei; ihn kann niemand beeinträchtigen; deswegen lebe ich, wie ich will.

Wie bin ich aber dahin gelangt? Ich habe meinen Willen dem Willen Gottes untergeordnet. Will er, daß ich Fieber haben soll? So will auch ich es. Will er, daß ich dies tue und das nicht? So will auch ich es. Will er, daß mir irgendwas geschieht? So will ich es ebenfalls. Will er etwas nicht, so will ich es auch nicht. Wünscht er meinen Tod und Folterqualen, so wünsche auch ich mir den Tod und Folterqualen.

(Epiktet)

8. Juni

Wenn die Arbeit euch als Hauptsache, der Lohn aber als Nebensache gilt, so erscheint als euer Herr die Arbeit und als Schöpfer – Gott.

---

[96] „Nicht durch Söhne, nicht durch Reichtümer und auch nicht durch ein heiliges Werk erlangt ein Mensch den außerordentlichen Vorteil, dessen er teilhaftig wird, wenn er zu Ganga (Himmelsgöttin) gelangt." (*Indischer Spruch.*)

Wenn aber die Arbeit für euch Nebensache und der Lohn die Hauptsache ist, seid ihr Knechte des Gewinnes und seines Schöpfers, des Teufels, und zwar des allerniedrigsten und letzten Teufels.

Von aller Vergeudung ist die schlimmste die Arbeitsvergeudung.

Das A und O jedes guten Gesetzes beruht darauf, daß jedermann mit guter Arbeit sein Brot verdient und auch guten Lohn für seine Arbeit erhält.

(John Ruskin)

9. Juni

Je weiser wir handeln, um so mehr Leben stellt sich bei uns ein.

(John Ruskin)

Beobachte dich in Gedanken und in Worten, hüte dich vor schlimmen Werken. Wer sich in diesen drei Dingen rein hält, der geht den Pfad der Weisen.[97]

(Dhammapada)

10. Juni

Ein genialer Mensch ist stets bereit, mehr zu tun als die übrigen; er zieht mehr Nutzen aus seiner Arbeit und gesteht die ihm innewohnende göttliche Gabe so wenig ein, dass er imstande ist, alle seine Fähigkeiten den Eigenschaften seiner Arbeiten zuzuschreiben.[98]

(John Ruskin)

Viel wissen und sich nicht mit seiner Weisheit brüsten, ist ein Zeichen hoher Sittlichkeit. Wenig wissen und sich mit seinem Wissen

---

[97] Vergl. Text am 16. Februar.
[98] *Goethe*: „Das Genie übt eine Art Ubiquität aus, ins allgemeine vor, ins besondere nach der Erfahrung."

brüsten, ist eine Krankheit. Nur wenn wir diese Krankheit kennen, können wir uns von ihr befreien.[99]

(Lao-Tse)

11. Juni

Man sagt, das größte Gut des Menschen sei die Freiheit. Wenn diese ein Segen ist, kann ein freier Mann nicht unglücklich sein. Wenn wir also jemanden unglücklich und voll Leid und Kummer sehen, so ist dieser Mensch nicht frei. Er wird sicher von irgend jemandem oder irgend etwas geknechtet.

Wenn die Freiheit ein Segen ist, kann ein freier Mann nicht ein Schurke sein. Wenn du also siehst, daß jemand sich vor anderen erniedrigt und ihnen schmeichelt, so ist auch dieser nicht frei. Er ist ein Knecht, der nach einem guten Mittagessen oder einem Amt oder sonst etwas trachtet. Wer nach kleinem Gewinne schielt, kriecht ein wenig, wer nach großen Vorteilen trachtet, der liegt platt auf dem Bauche. Ein freier Mann verfügt nur über das, was ihm zur Verfügung steht. Das ist aber nur die eigene Person. Wenn du also siehst, wie jemand nicht über sich, sondern über andere verfügen will, so ist auch dieser nicht frei; er ist ein Sklave seines Wunsches, über andere zu herrschen.

(Epiktet)

12. Juni

Wenn Gott uns Lehrmeister gegeben hätte, von denen wir bestimmt wüßten, daß er sie gesandt hat, würden wir ihnen gern und willig folgen.

Wir haben aber solche Lehrmeister: das sind Not und alles Unglück im Leben.

(Blaise Pascal)

---

[99] „Mache die Wissenschaft nicht zur Krone, damit zu prunken, noch zum Spaten, damit zu graben." (*Talmudspruch*.)

Nicht an die Güter hänge dein Herz,
Die das Leben vergänglich zieren!
Wer besitzt – der lerne verlieren,
Wer im Glück ist, der lerne den Schmerz.[100]

(Schiller)

13. Juni

Meister, welches ist das wichtigste Gebot im Gesetz? Jesus sprach:
Du sollst Gott deinen Herrn lieben von ganzem Herzen, mit deiner
ganzen Seele und mit ganzem Verstande. Das ist das wichtigste und
erste Gebot. Ein zweites von gleicher Bedeutung ist: „Du sollst deinen Nächsten lieben, wie dich selbst." Auf diesen zwei Geboten ruht
das ganze Gesetz und die Propheten.

(Matthäus-Evangelium XXII, 36-40)

Wer Kenntnis des Gesetzes hat, aber nicht die Liebe zu Gott, gleicht
dem Schatzmeister, dem die inneren Schlüssel ohne die äußeren
ausgehändigt sind.

(Talmud)

14. Juni

„Von ganzer Seele" liebe Gott auch dann, wenn er dir deine Seele
nimmt, wenn dich das Los trifft, zur Verherrlichung seines heiligen
Namens dein Leben zu lassen.

(Talmud)

Fürchtet den Ewigen, den Gott unserer Väter, und dient ihm aus
Liebe, denn Furcht führt zum Bemühen, die Sünde zu vermeiden,
Liebe dagegen zur Erfüllung der Gebote Gottes.

(Talmud)

---

[100] Aus *Schillers* „Braut von Messina", IV, 4.

15. Juni

Achtet einmal darauf, wie ein Sklave leben will. Vor allem will er in Freiheit gesetzt werden. Er meint, daß er ohne Freiheit nicht unabhängig und glücklich sein könne. Er spricht so: wenn man mich frei ließe, wäre ich sofort glücklich. Ich brauchte meinem Herrn nicht gefällig zu sein und zu dienen, ich könnte sprechen, mit wem ich wollte, ohne jemanden zu fragen.

So wie man den Sklaven aber frei läßt, findet er sofort heraus, bei wem er sich einschmeicheln kann, um zu essen, da sein Herr ihn nicht mehr nährt. Dafür ist er zu allen möglichen Abscheulichkeiten bereit. Sobald er eine Wohnung und Verpflegung gefunden hat, ist er auch von neuem in Sklaverei geraten, die schlimmer als die frühere erscheint.

Wenn ein solcher Mensch reich wird, schafft er sich sogleich irgendein liederliches Frauenzimmer als Geliebte an. Und dann beginnt sein Kummer und Leid. Hat er besonders schwer zu leiden, so denkt er an die frühere Knechtschaft und spricht:

Ich hatte es doch nicht schlecht bei meinem Herrn. Ich brauchte mich um nichts zu kümmern, man gab mir Kleidung, Schuhe und Essen; und wenn ich krank war, hat man mich gepflegt. Der Dienst war auch nicht schwer. Jetzt dagegen – dieses Elend! Ich hatte *einen* Herrn – wie viele sind ihrer aber jetzt! Wie vielen Leuten muß ich zu Gefallen sein, um reich zu werden!

Aber der Sklave kommt nicht zur Vernunft. Er will reich werden und erduldet nun alles Ungemach. Wenn er aber erlangt, wonach er trachtet, hat er sich wieder in Unannehmlichkeiten aller Art verwickelt. – Trotzdem wird er nicht vernünftig, sondern denkt: Wenn ich ein großer Feldherr wäre, hätte alle Not ein Ende: man würde mich auf Händen tragen.

Und er macht sich auf den Weg, erträgt alle Entbehrungen, leidet wie ein Sträfling und begibt ich dennoch zum zweiten- und drittenmal auf den Weg. Wenn er von seinem Leiden und Unglück loskommen will, mag er Vernunft annehmen. Mag er einsehen, worin das wahre Heil des Lebens besteht: möge er jeden Schritt im Leben in Übereinstimmung mit der Wahrheit und dem Guten tun, das in seiner Seele vorgezeichnet ist. Dann erlangt er die wahre Freiheit.

(Epiktet)

16. Juni

Sittlichkeit bedeutet innere Freiheit. Wer stets in Zorn, in Furcht oder in Leidenschaften lebt, kann nicht innerlich frei sein. Wer sich nicht in sich selbst versenken kann[101], oder sich durch etwas ablenken läßt, der sieht trotz seines Gesichts nicht, hört trotz seines Gehörs nicht und nimmt den Geschmack nicht wahr, obgleich er schmeckt.

(Confucius)

Wer vom Feuer der Leidenschaft ergriffen wird, wer nach Entzückendem, Reizendem dürstet, der zieht nur seine Wollust groß und schmiedet sich für immer in Ketten.

Wer nur über die Freuden innerer Ruhe nachdenkt, und, in seine Gedanken vertieft, über das glücklich ist, worin die Menschen kein Glück erblicken, der zerreißt die Ketten des Todes und wirft sie für immer von sich.

(Dhammapada)

17. Juni

Sprich nur über das, was dir klar ist, wie der Morgen; sonst schweig.

(Talmud)

Die weisesten Lehrer sind, die am wenigsten streiten.

(John Ruskin)

---

[101] Dieses „In-sich-selbst-versenken" (Sanskr. *Dhyana* = Nachsinnen) bedeutet eine Art religiöser Meditation, bei der der Geist von allen irdischen Erregungen geläutert wird. Die indische Anschauung ist, daß man durch intensive Selbstvertiefung einen hellseherischen Zustand erreicht, in dem übernatürliche Kräfte erworben würden. Es ist das ein dunkles Kapitel der indischen Religion, das durch „Autosuggestion" allein nicht aufgeklärt wird. Im *Dhammapada* findet sich die Stelle, V. 372: „Nachsinnen (*Dhyana*) läßt sich ohne Erkenntnis nicht und Erkenntnis ohne Nachsinnen nicht erreichen; wer beides hat, der ist dem Nirwana nahe." (Nach Rhys Davids.)

Der Weise erklärt sich schon nach einem Wort für unterrichtet und ebenso nach einem Wort für unwissend. Deswegen muß ein Weiser in seinen Worten sehr vorsichtig sein.[102]

(Chinesische Weisheit)

18. Juni

Wer bewußt nicht gegen alle gut ist, ist oft unbewußt gegen viele grausam. Das rührt aber zum Teil vom Mangel an Einbildungskraft her.[103]

(John Ruskin)

Das Wesen der Wohltätigkeit besteht allein in der Liebe, die in ihr zum Ausdruck gelangt.

(Talmud)

Ein wahrer Christ wünscht Gutes nicht nur seinen Freunden, sondern auch seinen Feinden; und nicht nur *seinen* Feinden, sondern auch den Feinden Gottes. Deswegen verschafft ihm seine Menschenliebe oft nicht Zufriedenheit, sondern Leiden.

(Blaise Pascal)

19. Juni

Die Menschen können nicht alles wissen und begreifen, was in der Welt geschieht, deswegen ist ihr Urteil über viele Dinge unrichtig. Die menschliche Unwissenheit ist doppelter Art: die eine ist die reine, natürliche, in der die Menschen geboren werden; die andere ist gewissermaßen die Unwissenheit des wahren Weisen. Wenn jemand alle Wissenschaften studiert und alles kennen lernt, was die Menschen wußten und wissen, so sieht er, daß alles Wissen zusam-

---

[102] „Daran erkennt man vor allem den Weisen, daß er schnell begreift, lange hört, nicht, sobald er etwas begriffen hat, dem Triebe gemäß, sich an eine Sache macht, und nicht ungefragt sich um eine fremde Angelegenheit kümmert," heißt es im *Mahabhrata* S. 992.
[103] D. h. man vermag sich nicht in die Lage des anderen zu versetzen.

mengenommen so nichtig ist, daß man mit ihm unmöglich die Gotteswelt begreifen kann, und er überzeugt sich davon, daß die gelehrten Leute im Grunde genommen ebensowenig wissen, wie die einfachen, ungelehrten. Aber es gibt oberflächliche Leute, die die Äußerlichkeiten verschiedener Wissenschaften aufgeschnappt haben und die Nase zu hoch tragen. Sie sind ausgegangen von der natürlichen Unwissenheit, haben aber nicht bis zur wahren Weisheit der Gelehrten gelangen können, die die Unvollkommenheit und Nichtigkeit alles menschlichen Wissens begriffen haben. Diese Leute, die sich für höchst verständig halten, machen die Welt irre. Sie urteilen mit großem Selbstvertrauen und ohne Überlegung und irren sich beständig. Aber sie verstehen es, den Leuten Sand in die Augen zu streuen und werden oft von ihnen verehrt; der einfache Mann indessen verachtet sie, da er ihre Unbedeutendheit erkennt; und sie verachten den einfachen Mann, den sie für unwissend halten.[104]

20. Juni

Wenn jemand sagt: „Ich liebe Gott", und haßt seinen Bruder, so ist er ein Lügner. Denn wer seinen Bruder nicht liebt, den er sieht – wie kann der Gott lieben, den er nicht sieht!

(1. Brief des Johannes IV, 20)

Erweist dem Nächsten Gerechtigkeit – ihr könnt es, indem ihr ihn liebt und nicht liebt – so lernt ihr ihn lieben. Wenn ihr aber ungerecht gegen ihn seid, weil ihr ihn nicht liebt, so endet ihr damit, daß ihr ihn haßt.

(John Ruskin)

---

[104] Hierzu bemerkt *Voltaire*: „Dieser Gedanke scheint einen Sophismus zu enthalten, und der Fehler liegt in dem Worte ‚Unwissenheit', das in zwiefacher Bedeutung gebraucht wird. Wer weder lesen noch schreiben kann, ist ein Unwissender; aber wenn ein Mathematiker die verborgenen Prinzipien der Natur nicht kennt, so steht er nicht mehr auf der Stufe der Unwissenheit, von der er ausging, als er anfing zu lernen. Newton wußte nicht, wie der Mensch seinen Arm bewegen kann, wenn er will; aber er war deshalb in anderen Dingen nicht weniger weise. Wer kein [sic] Hebräisch kann, ist im Vergleich zu dem, der nur französisch kann, weise." (Vergl. *Tolstoi* am 7. Mai.)

21. Juni

Alles in der Welt wächst, blüht und kehrt zu seinem Ursprung zurück. Die Rückkehr zu seinem Ursprung bedeutet Frieden, Übereinstimmung mit der Natur. Übereinstimmung mit der Natur bedeutet Ewigkeit; deshalb schließt die Zerstörung des Körpers keine Gefahr in sich.

(Lao-Tse)

Ein verlogener schlimmer Geselle, der die Gesetze übertritt, denkt unbekümmert, mit dem Tode sei alles zu Ende; ein solcher Mensch ist zu allem Bösen fähig.

(Dhammapada)

22. Juni

Wenn es Menschen gibt, die sich nicht mit dem Studium beschäftigen, und, selbst wenn sie es tun, keinen Erfolg haben, so mögen diese Leute nicht verzweifeln und nicht nachlassen; wenn es Menschen gibt, die aufgeklärte Leute nicht nach zweifelhaften, ihnen unbekannten Dingen fragen, und selbst wenn sie sie fragen, doch nicht aufgeklärt werden – mögen sie nicht verzweifeln; wenn es Menschen gibt, die nicht nachdenken, und wenn sie auch nachdenken, doch kein klares Verständnis des Ursprungs des Guten gewinnen – mögen sie nicht verzweifeln; wenn es Menschen gibt, die das Gute vom Bösen nicht unterscheiden, und selbst wenn sie es unterscheiden, doch keine klare Vorstellung davon haben – mögen sie nicht verzweifeln; wenn es Menschen gibt, die nicht Gutes tun, und selbst wenn sie es tun, doch nicht all ihre Kräfte darauf verwenden – mögen sie nicht verzweifeln: was andere vielleicht auf einmal tun, tun sie in zehn Malen. Was andere vielleicht in hundert Malen tun, tun sie in tausend.

Wer wirklich diesen Grundsatz der Beständigkeit befolgt, wird sicher aufgeklärt, wenn er auch noch so unwissend ist; und wenn er noch so schwach ist, wird er sicher stark werden.[105]

(Chinesische Weisheit)

---

[105] Die umständliche, pedantische und zopfige Art der Chinesen kommt hier ebenso zum Ausdruck, wie ihre unglaubliche Zähigkeit und Ausdauer.

23. Juni

Wie die Rundwachen sorgsam eine Festung bewachen, außen herum und innen, so muß auch der Mensch sich sorgsam bewachen und darf sich nicht einen Augenblick aus dem Gesicht verlieren; wer sich in einer entscheidenden Minute des Lebens aus den Augen verliert, wandert hinab in die Unterwelt.

(Dhammapada)

Haß erwidert mit Güte. Ein schwieriges Werk prüft, wenn es noch leicht ist. Befaßt euch mit den großen Dingen, wenn sie noch klein sind.

Die schwierigsten Werke entstehen, wenn sie leicht sind; die größten Unternehmungen, wenn sie noch klein sind.

(Lao-Tse)

24. Juni

Gib nicht der Stimmung dessen nach, der dich kränkt, und geh nicht den Weg, auf den er dich haben möchte.

Wenn du mit schlechten und grausamen Menschen nicht milde, sondern ebenfalls schlecht und grausam verfährst, so gib acht, daß du nicht ebenso wirst wie sie.

Die beste Art, sich an einem Beleidiger zu rächen, ist, nicht nach seinem Beispiel zu handeln.

(Marc Aurel)

25. Juni

Möchte jedes Morgenrot einen Lebensanfang und jedes Abendrot gleichsam sein Ende bedeuten, und möchte jedes dieser kurzen Menschenleben die Spur eines Liebeswerkes hinterlassen, das an anderen verübt ist, eines Aktes der Selbstverleugnung und hinzuerworbenen Wissens.

(John Ruskin)

Wenn deine Eigenliebe unter der Erinnerung an versäumte Weisheit leidet: daß du nicht gelebt hast, wie Weise leben, und dir nicht den Ruhm des Weisen erworben – so gräm dich nicht darum. Um so besser, wenn du nicht im Ruf eines Weisen stehst. Sei zufrieden, wenn du jetzt, sofort, ein Leben beginnen kannst, wie es dein Gewissen fordert.

(Marc Aurel)

26. Juni

Der Mensch denkt – denn er ist so geschaffen. Natürlich muß er vernünftig denken. Ein vernünftig denkender Mensch überlegt vor allem, welchen Lebenszweck er verfolgt: er denkt über seine Seele, über Gott nach. Womit beschäftigen sich dagegen weltlich gesinnte Leute? Mit allem möglichen, nur nicht mit Gott. Sie denken an Tanz, Musik, Gesang und ähnliche Vergnügungen; denken an Bauten, Reichtum, Macht; beneiden die Reichen und Könige. Aber denken nicht im mindesten daran, was Mensch sein bedeutet.

(Blaise Pascal)

Eine der ersten Pflichten des Menschen besteht darin, den hellen Urquell der Vernunft, die wir vom Himmel empfangen haben, mit aller Macht leuchten zu lassen.

(Chinesische Weisheit)

27. Juni

Und fürchtet euch nicht vor denen, die den Leib töten und die Seele nicht töten können; fürchtet euch vielmehr vor dem, der Leib und Seele verderben kann.

(Matthäus-Evangelium X, 28)

Ich bestehe aus Körper und Geist. Dem Körper erscheint alles gleichartig, denn die Materie besitzt nicht die Fähigkeit, zu unterscheiden. Der Geist kann ebenfalls, was nicht vom Geiste ausgeht, nicht wahrnehmen, denn das Leben des Geistes ist selbständig. Indessen hat dieses Leben weder in der Zukunft noch in der Vergangenheit die geringste Bedeutung. Sein ganzer Wert liegt in der Gegenwart.

(Marc Aurel)

28. Juni

Je mehr der Mensch sich in sich selbst versenkt und je nichtiger er sich vorkommt, um so mehr erhebt er sich zu Gott.

(Ramakrischna)

Der Mensch ist ein Bruch. Der Zähler bedeutet den Wert vor anderen, der Nenner die Meinung von sich selbst. Seinen Zähler, seinen Wert vor anderen vergrößern, steht nicht in der Macht des Menschen; aber jedes kann seinen Nenner, seine Meinung von sich selbst, verringern und sich dadurch der Vollkommenheit nähern.

(L. T.)

29. Juni

Die Vernunft erzeugt Wesen, die Tugend nährt sie; deswegen ist unter allen Wesen nicht eins, das die Vernunft nicht schützt und die Tugend nicht ehrt.

Also muß man sein: man muß sein wie das Wasser. Kein Hemmnis – es fließt; ein Damm – es bleibt stehen; der Damm bricht – es fließt wieder. Im viereckigen Gefäß ist es viereckig, im runden rund. Deshalb ist es am notwendigsten und am stärksten.

(Lao-Tse)

30. Juni

Der du die unvergängliche Wahrheit suchst, – beherrsche deine Gedanken, wenn du dein Ziel erreichen willst; richte dein geistiges Auge auf das einzige Licht, das frei von Trübung ist.

Damit die Flamme ein ruhiges Licht geben kann, muß die Leuchte an einem vor dem Winde geschützten Orte stehen. Wenn aber die Flamme wechselnden Winden ausgesetzt wird, so zittert das Licht und wirft trügerische, dunkle, seltsame Schatten auf die weiße Oberfläche der Seele.

Mitleid ist das Gesetz der ewigen Harmonie, der ewigen Liebe.

(Ramakrischna)

1. Juli

Erklären heißt Zeit vergeuden. Wer klar sieht, versteht bereits die Andeutung; ein unklarer Kopf versteht auch nach langen Reden nichts.[106]

(John Ruskin)

2. Juli

Ein guter Mensch ist der Lehrmeister des schlechten; ein schlechter ist der Lehrling des guten. Wer seinen Lehrmeister nicht verehrt und wer den Lehrling, an dem er arbeitet, nicht liebt, der geht irre, wenn er auch noch so verständig ist.

(Lao-Tse)

Wenn ihr einen Menschen Gutes lehren könnt und tut es nicht, verliert ihr einen Bruder.

Wenn jemand keine Lust hat, eure Lehren anzunehmen, und ihr sie ihm dennoch mitteilt, verliert ihr Worte.

Ein weiser und aufgeklärter Mensch verliert weder Brüder noch Worte.

(Chinesische Weisheit)

---

[106] Vergl. Anmerkung 102.

3. Juli

Das Licht des Leibes ist das Auge. Wenn dein Auge gesund ist, hat dein ganzer Leib Licht. Wenn aber dein Auge nichts taugt, ist dein ganzer Leib im Finstern. Wenn also dein inneres Licht verfinstert ist, wie groß muß dann die Finsternis sein!

(Matthäus-Evangelium VI, 22-23)

Wenn das Licht erlischt, fällt ein dunkler Schatten aus deinem eigenen Herzen auf deinen Weg. – Hüte dich vor diesem schrecklichen Schatten; kein Leuchten deiner Vernunft kann die von deiner Seele ausgehende Finsternis vernichten, bis nicht alle selbstsüchtigen Gedanken aus ihr verbannt sind.

(Ramakrischna)

4. Juli

Die Liebe der Menschen ist sinnlos und ihr Glaube töricht, solange sie ungerecht sind; der große Irrtum der besten Männer aller Zeiten bestand darin, daß sie den Armen mit Almosen halfen, mit dem Predigen von Geduld, Hoffnung und allen möglichen anderen Linderungs- und Trostmitteln, nur nicht auf die Art, die allein von Gott geboten ist, nämlich: Gerechtigkeit.[107]

(John Ruskin)

Das einzige, was ein guter Mensch befolgen und andere lehren muß, ist Gerechtigkeit. Die Opfer an Kräften, Leben und Glück sind stets eine traurige und ausnahmsweise vorkommende Notwendigkeit, aber sie bilden nicht die Erfüllung des ewigen Lebensgesetzes.

(John Ruskin)

---

[107] Deutlicher, als *Ruskin* tut, kann man die soziale Frage als moralische nicht bezeichnen!

5. Juli

Die tugendhaftesten Menschen halten sich nicht für tugendhaft; deswegen sind sie tugendhaft. Die weniger Tugendhaften vergessen ihre Tugend nie und besitzen sie deswegen nicht.

Die höchste Tugend rühmt sich nicht selbst und stellt sich nicht zur Schau. Geringere Tugend rühmt sich selbst und stellt sich zur Schau.

Die größte Herzensgüte ist tätig, bemüht sich aber nicht, gesehen zu werden. Geringere Herzensgüte rühmt sich selbst und bemüht sich, gesehen zu werden.

Die höchste Gerechtigkeit ist tätig, bemüht sich aber nicht, gesehen zu werden. Mindere Gerechtigkeit ist tätig und bemüht sich, gesehen zu werden.

Die höchste Höflichkeit äußert sich und bemüht sich nicht, gesehen zu werden. Geringere Höflichkeit äußert sich ebenfalls; wenn aber niemand sie erwidert, erzwingt sie die Befolgung ihrer Regeln mit Gewalt.

So erscheint also Herzensgüte, wenn die höchste Tugend eingebüßt ist; Gerechtigkeit, wenn Herzensgüte fehlt, und wenn die Gerechtigkeit verschwunden ist, erscheint die Höflichkeit.

Die Regeln der Höflichkeit sind bloße Nachahmungen der Wahrheit und der Anfang aller Unordnung. Scharfsinn ist die Blüte des Verstandes, aber zugleich der Anfang der Unwissenheit, weil der Kluge die Frucht und nicht die Blüte behält; er wirft diese weg und behält jene.

(Lao-Tse)

6. Juli

Ihr müßt von fester Entschlossenheit durchdrungen sein, damit das Göttliche ganz euer werde; dann werdet auch ihr göttlich werden. Und ihr müßt das einfach und ruhig tun, euch nur als die betrachten, die zur Erfüllung seiner Werke gesandt sind, und in jeder freien Minute bedenken, was euch in der nächsten bevorsteht.

(John Ruskin)

7. Juli

Wenn ich dir von Gott rede, so glaube nicht, daß ich von einem Gegenstande aus Gold und Silber spräche. Der Gott, von dem ich rede – den fühlst du in deiner Seele. Du trägst ihn in dir, und mit deinen unreinen Gedanken und abscheulichen Werken beschmutzt du sein Bild in deiner Seele. Vor dem Götzenbild, das du für Gott hältst, hütest du dich, etwas Unanständiges zu tun, aber angesichts des Gottes, der in dir selbst ist, und der alles sieht und hört, wirst du nicht einmal rot wegen deiner garstigen Gedanken und Werke.

Wenn wir nur beständig daran dächten, daß Gott in uns Zeuge alles dessen ist, was wir tun und denken, so würden wir aufhören, zu sündigen, und Gott verließe uns niemals. Laßt uns also an Gott denken, glauben und möglichst oft von ihm reden.

(Epiktet)

8. Juli

Ach, das Entbehren der Nahrung ist nicht die grausamste Entbehrung und das Jammern darüber nicht das lauteste! Leben ist mehr als essen.

(John Ruskin)

Arm sein und keine bösen Empfindungen haben, ist schwer. Dagegen ist es sehr leicht, reich zu sein und sich nicht damit zu brüsten.

(Chinesische Weisheit)

Mancher Reichtum ist von Tränen schwer, wie eine schlechte Ernte von unzeitigem Regen.[108]

(John Ruskin)

Fällt der Stein auf einen Krug – wehe dem Krug; fällt der Krug auf einen Stein – wehe dem Krug. Immer wehe dem Krug.[109]

(Talmud)

---

[108] Vergl. Anmerkung 92.

[109] Der schwächere Teil ist immer der unterliegende. – Ein ähnliches Bild mit anderer Bedeutung. „Wer sich aus Stolz nicht verträgt, dem ergeht es wie einem ungebrannten Topfe: wird er nur von einem seinesgleichen angestoßen, so bereitet er beiden, sich und diesem, den Untergang." (Böhtlingk, *Indische Sprüche*.)

9. Juli

Böse schaden eher sich als anderen.

(Heiliger Augustin)[110]

Das Unglück, das vom Himmel gesandt ist, kann man vermeiden; aber vor dem Unglück, das man sich selbst zuzieht, gibt es keine Rettung.

(Orientalisches Sprichwort)

10. Juli

Wie schwer kommen die Begüterten in den Himmel! Eher geht ein Kamel durch ein Nadelöhr, als daß ein Reicher ins Reich Gottes eingeht.[111]

(Lukas-Evangelium XVIII,24-25)

Glaubt ihr, daß schon jemals ein Weib durch den Besitz von Brillanten besser geworden ist? – Aber wie viele sind durch den Wunsch nach Brillanten gefallen, verdorben, unglücklich geworden! Und hat auch nur ein Mann dadurch gewonnen, daß er die Kasten voll Gold hatte? Wer ermißt aber all das Böse, das begangen wurde, um sie zu füllen!

(John Ruskin)

---

[110] Der berühmte Kirchenvater *Augustinus* (353-430), schloß sich nach einer wüsten Jugend der Sekte der Manichäer an, war in Rom Lehrer der Beredsamkeit, wurde 387 getauft, später Presbyter und Bischof. Sein Leben in den *Confessiones* selbst geschildert. Gehört zu den größten Denkern aller Zeiten.
[111] Doppelt. Siehe 1. Februar – Bei Matthäus, Markus und Lukas heißt es übereinstimmend: ein Kamel. Das Bild soll dem jüdischen Sprachschatze entnommen sein und ursprünglich geheißen haben: Einen Elefanten durch ein Nadelöhr ziehen! Andere schreiben: „Ankertau". Das „Nadelöhr" aber bedeutete ein enges Tor in Jerusalem – wurde uns in der Schule mitgeteilt. Wer hat nun recht?

11. Juli

Ein Weiser ist wohl strenge gegen sich, aber von anderen fordert er nichts.[112] Er ist zufrieden mit seinem Los, klagt niemals gegen den Himmel und macht anderen Menschen keine Vorwürfe; wenn es ihm schlecht geht, unterwirft er sich dem Schicksal. Der gewöhnliche Sterbliche aber, der nach irdischen Gütern trachtet, gerät in Gefahr.

Wenn der Pfeil nicht sein Ziel trifft, mißt der Schütze sich die Schuld bei. So handelt auch der Weise.

(Confucius)

12. Juni

Wenn du fest an die Richtigkeit deiner Lebensauffassung glaubst und den Menschen wohl willst, wirst du dich bei Gelegenheit so äußern, daß du andere von der Richtigkeit deiner Auffassung nach Kräften zu überzeugen suchst. Und je mehr die anderen in solchem Falle irren, um so wichtiger und wünschenswerter ist, daß sie das begreifen und schätzen.

Wie oft verfährst du aber gerade umgekehrt. Wir verstehen, uns schön mit jemandem zu unterhalten, der mit uns übereinstimmt oder beinahe übereinstimmt; wenn wir aber sehen, daß unser Nachbar nicht an dieselbe Wahrheit glaubt wie wir, oder sie nicht begreift, so bemühen wir uns allerdings, sie ihm zu erklären und ihn von ihrer Richtigkeit zu überzeugen; wenn er aber dauernd anderer Meinung ist als wir und anscheinend bockbeinig unsere Worte verdreht – wie leicht verlieren wir dann unsere Ruhe! Entweder werden wir böse und sagen dem Nachbarn Grobheiten, oder wir geben die Unterhaltung auf, mit dem Gedanken, daß eine Auseinandersetzung mit jemandem, der so schwer von Begriffen und so halsstarrig ist, sich nicht lohnt.

Wenn man seinem Nachbarn im Gespräch eine Wahrheit mitteilen will, so ist die Hauptsache, sich dabei nicht zu erregen und keine unschönen oder beleidigenden Ausdrücke zu gebrauchen.

(Epiktet)

---

[112] Vergl. 12. Mai. Chinesische Weisheit.

13. Juli

Haß überwinde durch Liebe, Böses erwidere mit Gutem, Geiz besiege durch Freigebigkeit, den Lügner durch Wahrheit.[113]

(Dhammapada)

Lebe so, als ob du im nächsten Augenblick der Welt Lebewohl sagen müßtest, als ob die Zeit, die dir noch übrig gelassen ist, ein unerwartetes Geschenk wäre.

(Marc Aurel)

Beschmutzt euch nicht mit Streit, der Leib, Seele und Habe vernichtet. Ich hatte Gelegenheit, zu sehen, wie Weißes schwarz und Große klein wurden, wie ganze Familien verschwanden, Fürsten ihre Habe verloren, große Städte zerstört, Bündnisse gebrochen, Fromme beschimpft, Gläubige vernichtet wurden und Berühmte sich mit Schimpf und Schande bedeckten – und zwar alles infolge von Streit.

(Talmud)

14. Juli

Wenn jemand Lob verdient, enthaltet es ihm nicht vor; ihr lauft sonst nicht nur Gefahr, ihn durch Entziehung des Beifalls und der Unterstützung, deren er bedarf, vom richtigen Wege abzubringen, sondern ihr beraubt euch selbst des schönsten Vergnügens, nämlich jemandem den Lohn für seine Arbeit zu geben.

(John Ruskin)

Viel Unheil wird durch unvorsichtiges Lob und unvorsichtigen Tadel angerichtet; das schlimmste durch den Tadel.

(John Ruskin)

---

113 *Dhammapada*, Vers 223. Vergl. 5. Mai, Anmerkung 81.

15. Juli

Die Begierden des Toren wachsen beständig und ziehen sich in die Länge, wie Flachsseide. Sie gehen von einem Leben zum anderen über, wie ein im Walde Früchte suchender Affe von Baum zu Baum springt.

Wen diese niedrigen Begierden erfaßt haben, diese Begierden voll Gift, den umwinden Leiden, wie Flachsseide den Flachs umwindet.

Wer diese Begierden überwindet, diese Begierden, die zu überwinden sind, von dem gleiten alle Begierden ab, wie vom Lotosblatt die Regentropfen.[114]

(Dhammapada)

16. Juli

Wenn du wüßtest, aus welcher Quelle oft das Urteil der Leute stammt, und welchen Hintergrund ihre Interessen haben, würdest du nicht mehr nach dem Beifall und dem *Lob* der Menge trachten.

(Marc Aurel)

Immer wird der ausgelacht, der stumm dasitzt, und der, welcher viel redet, und auch der, welcher wenig redet – es gibt nichts auf Erden, was nicht getadelt würde.

Aber niemals wird jemand *beständig* getadelt, wie auch nicht beständig gelobt.

(Dhammapada)

---

[114] Die Bilder dieser *Dhammapada*-Verse sind beachtenswert. Unter Flachsseide ist in diesem Falle wiederum das Biranagras (siehe Anmerkung 10) zu verstehen. – Der Affe spielt in der indischen Mythologie gleichfalls eine bedeutende Rolle. Das indische Epos *Ramayana* z. B. wird mit einer ungeheuren Schlacht der Affen und Riesen eingeleitet. Noch heute gibt es heilige Affen z. B. in Benares. – Ebenfalls ist der Regentropfen, der nicht am Lotosblatte haften bleibt, ein oft wiederkehrendes Bild. Ich nenne nur: „Wenn Menschen, die sich gegenseitig befeindeten, zusammenwohnen, dann schwächt sich die Feindschaft ab und kann nicht lange bestehen, ebensowenig wie Wasser auf einer Lotosblüte" (*Mahabharata* 5174). – Wer Buddha folgt, soll an Wohnung, Nahrung, Bett usw. nicht hängen, sondern soll sein wie ein Wassertropfen, der nicht am Lotosblatte haftet u. a. m.

17. Juli

Kommt her zu mir alle, die ihr mühselig und beladen seid, ich will euch erquicken. Nehmt auf euch mein Joch und lernt von mir: denn ich bin sanftmütig und von Herzen demütig; und ihr werdet Ruhe finden für eure Seelen.

Denn mein Joch ist sanft und meine Last ist leicht.

(Matthäus-Evangelium XI, 28-30)

Wenn du, von unangenehmen Dingen bedrückt, einen Anfall von Zorn oder Empörung verspürst, so geh schleunigst in dich und gib der Gemütsbewegung nicht nach, die dich der Selbstbeherrschung beraubt. Je mehr wir uns üben, durch Willenskraft die Gemütsruhe wiederzugewinnen, um so größer wird die Fähigkeit, sie zu bewahren.

(Marc Aurel)

18. Juli

Eilt zu guten Werken, selbst wenn sie klein sind, und flieht alle Sünden. Denn jedes gute Werk zieht andere nach sich, und jede Sünde gebiert eine andere: Lohn der Tugend ist die Tugend, Strafe des Lasters das Laster.

(Talmud)

Ihr müßt fest entschlossen sein, Gutes zu tun, bis eure Hand erlahmt; Gutes zu tun, ohne darauf zu achten, ob es euch zum Leben oder zum Tode führt; ohne diese Entschlossenheit ist kein Leben möglich, das dieses Namens würdig wäre.

(John Ruskin)

19. Juli

Wer den Menschen Gutes tut, in der Berechnung, aus ihrer Dankbarkeit Nutzen zu ziehen, erhält nicht den geringsten Lohn für seine vermeintliche Güte; wer aber ohne alle eigennützigen Erwägungen Gutes tut, der erzielt Dankbarkeit und Nutzen. So ist es in allem:

„Wer sein Leben erhalten will, der wird es verlieren; wer aber sein Leben um meinetwillen verliert, dem bleibt es erhalten."

(John Ruskin)

20. Juli

Das wirkliche Leben ist nicht flüchtig, nicht leicht und geht nicht verloren. Jedes edle Leben hinterläßt seine Fäden, durch die es für immer mit der Welt verknüpft ist, und so wächst das Können der Menschheit beständig und treibt gesunde Wurzeln und Zweige, die immer höher gen Himmel streben.

(John Ruskin)

21. Juli

Alle unvernünftigen Tiere und die ganze unbelebte Welt sind dir, dem vernünftigen Wesen, zur Verfügung gestellt, und du kannst sie unbedenklich benutzen. Den Menschen aber, der mit Vernunft begabt ist, benutze nie, ohne auch nur eine Minute das geistige Band zu vergessen, das dich mit ihm vereint.

(Marc Aurel)

Wir müssen uns jeden Augenblick bemühen, nicht das herauszusuchen, was uns von anderen Menschen trennt, sondern was wir mit ihnen gemeinsam haben.

(John Ruskin)

22. Juli

Wer lebende Wesen vernichtet, wer lügt, fremdes Gut in Besitz nimmt, ein fremdes Weib raubt und im Verlangen nach einem Rausch geistige Getränke trinkt, der untergräbt in der nächsten Welt seinen eigenen Stamm.[115]

---

[115] Totale Enthaltsamkeit von berauschenden Getränken ist Pflicht buddhis-

O Mensch, wisse, daß, wer sich nicht selbst bezwungen, sein Verderben bereitet: gib wohl acht, damit Eigennutz und Ruhmsucht dich nicht auf lange Zeit unglücklich machen.

Große und kleine Gaben erhalten Bettler; wer sich um das gute Essen und Trinken anderer grämt, findet für sich weder am Tage noch bei Nacht Ruhe.

In wem jeder Neid erloschen und mit der Wurzel ausgerottet ist, der genießt Tag und Nacht Ruhe.

(Dhammapada)

23. Juli

Es gibt nur wenige wirkliche Güter. Nur das ist ein wahres Heil und Gut, was ein Heil und Gut für alle ist. Was man sich zum Ziel steckt, muß gut sein und mit dem Gemeinwohl übereinstimmen, damit man nicht davon abzugehen braucht. Wer seine Tätigkeit auf ein solches Ziel richtet, der erlangt das Heil.

(Marc Aurel)

„Liebe den Ewigen, deinen Gott, von ganzem Herzen", möge dein Herz ganz Gott geweiht sein, möge Friede in deine Innenwelt einkehren, damit deine sinnlichen Neigungen ganz hinter dem Pflichtgefühl verschwinden.

(Talmud)

24. Juli

Wer nicht mit mir ist, der ist gegen mich, und wer nicht mit mir sammelt, der zerstreut.

(Lukas-Evangelium XI, 23)

---

tischer Mönche. „Ich gelobe, mich der berauschenden Getränke zu enthalten, welche Fortschritt und Tugend verhindern" ist eine „Formel der zehn Vorschriften".

Es ist gut, wenn der Körper unter geistiger Beschäftigung leidet, aber schlimm, wenn die geistige Beschäftigung unter der Körperpflege leidet.

(Talmud)

Wohl dem, der in der Todesstunde ebenso rein und unschuldig ist, wie in der Stunde der Geburt.[116]

(Talmud)

25. Juli

Leute, die ihre Zeit mit mühsamer Arbeit hinbringen, bilden sich gewöhnlich ein, sofort nachdem ihre Arbeit beendet ist, angenehme Erholung zu finden. Sie begreifen nicht, daß das Verlangen nach eifriger, angestrengter Tätigkeit ebenso unersättlich ist wie die Forderung von Zerstreuung; dasselbe Verlangen entspringt der Furcht vor der Einsamkeit. Diese Leute glauben, es sei ihr Wunsch, schnell ihre Arbeit zu beenden und Erholung in der Ruhe zu finden; in Wirklichkeit suchen sie aber nichts anderes als Unruhe, Erregung, Sorgen.

Dabei ist es scheinbar so leicht zu begreifen, daß eben ihre Hoffnung auf Ruhe nach mühsamer Arbeit anzeigt, wie die Voraussetzung des Glücks Ruhe ist, und nicht Unruhe und Erregung.

So geht das ganze Leben dieser Leute hin. Sie überwinden mit großer Anstrengung die mannigfachsten Schwierigkeiten, um die ersehnte Ruhe zu erlangen. Wenn aber diese Ruhe eintritt, wird sie ihnen unerträglich: Langeweile wächst aus der Tiefe ihres Herzens empor und erfüllt es mit ihrem Gift.

(Blaise Pascal)

26. Juli

Nur eine handgreifliche Wahrheit muß sich verwirklichen.

(Confucius)

---

[116] „Gesegnet sei dein Eingang und gesegnet sei dein Ausgang. – Das soll heißen: Dein Ausgang aus der Welt sei wie dein Eingang in die Welt. Wie du auf die Welt gekommen bist ohne Sünde, so scheide auch aus der Welt ohne Sünde." (*Talmud*)

Keine Wahrheit macht mutlos.

Der beste Beweis für die Wahrheit einer Sache besteht in der Macht, die sie über unsre Herzen hat. Sie verursacht uns Entzücken, zwingt uns in ihren Bann und fördert uns.

(John Ruskin)

Die Wahrheit sagen ist ebenso wie Schönschreiben Sache der Übung; man lernt es nicht so sehr durch Willenskraft als durch Gewohnheit; man sollte keine Gelegenheit zur Betätigung und Ausbildung dieser Gewohnheit vergessen.

(Marc Aurel)

27. Juli

Wenn ich jemanden sehe, der von Sorgen und Unruhe gepeinigt wird, frage ich mich: was fehlt diesem unglücklichen Menschen? Sicher will er etwas, was nicht in seiner Macht steht, und worüber er nicht verfügen kann, weil man sich im anderen Falle nicht beunruhigt, sondern tut, was man will. Seht zum Beispiel jemanden, der singt oder Harfe spielt: so lange er für sich, ohne Zuhörer singt oder spielt, macht es ihm keine Unruhe, und keine Besorgnisse oder Zweifel überkommen ihn. Seht ihn aber an, wenn er vor einem zahlreichen Publikum spielt – was macht ihm das für Qualen, wie wird er rot und blaß, und wie stark klopft sein Herz! Warum das? Weil er nicht nur schön singen oder spielen will, sondern auch nach dem Lob der Zuhörer trachtet und dieses augenscheinlich nicht von ihm, sondern von den Zuhörern abhängt. Und da beunruhigt er sich nun über etwas, was er nicht selbst bestimmen kann, und quält sich ganz unnütz. Es macht ihm nicht etwa Kummer, daß er schlecht singt oder spielt – nein; seine Kunst versteht er wohl, die macht ihm keine Sorge, sondern das Lob der Zuhörer, das heißt: etwas, was nicht in seiner Macht steht. Wenn jemand wünscht, was ihm nicht gegeben ist, und sich von dem abwendet, was er nicht vermeiden kann, so sind seine Wünsche nicht in Ordnung: er leidet an Wunscherweiterung, wie man an Magenerweiterung und zu großer Leber leidet. An solcher Wunscherweiterung krankt jeder, der sich Sorgen über die Zukunft macht, oder sich über Dinge beunruhigt, und Dinge fürchtet, die nicht von ihm abhängen.[117]

(Epiktet)

28. Juli

Der Arzt verschreibt dem einen Kranken diese, dem anderen jene Medizin; so verschreibt uns auch die Vorsehung Krankheiten, Verstümmelungen und betrübende Verluste.

Wie die Rezepte des Arztes die Genesung der Kranken bezwecken. So zielen auch die Zufälligkeiten, denen die Vorsehung den Menschen aussetzt, auf seine sittliche Gesundung, die Wiederherstellung des Zusammenhangs seiner losgelösten Einzelexistenz mit dem allgemeinen Leben der Menschen.

Also nimm alles hin, was auf deinen Teil entfällt; wie die Kranken die Arznei nehmen. Wiederherstellung des Körpers ist der Zweck dieser bitteren Arzneien; nun ist aber für die gesamte vernünftige Natur genau so wichtig, daß jedes Einzelwesen seiner Bestimmung erhalten bleibt, wie für einen Kranken die Erhaltung seines Körpers.

Deswegen mußt du alles willkommen heißen, was dir widerfährt, selbst das Bitterste. Denn der Sinn solcher Zufälligkeiten ist die Gesundheit und Erhaltung des Weltalls. Die Natur, die durch Seine Vernunft lebt, handelt vernünftig, und alles, was von ihr ausgeht, trägt unfehlbar zur Erhaltung der Einheit bei.

(Marc Aurel)

29. Juli

„Erkenne dich selbst," ist der erste Grundsatz. Aber glaubt ihr wirklich, daß man sich erkennen kann, indem man in sein Inneres blickt? Nein. Ihr könnt euch nur erkennen, indem ihr auf das blickt, was

---

[117] Dieser Gedanke kehrt bei *Epiktet* oft wieder. So prägnant und drastisch die Schreibweise des Stoikers ist, so werden die Gedanken doch bisweilen über Gebühr in die Länge gezogen.

außer euch ist. Vergleicht eure Kräfte mit denen der anderen; eure Interessen mit ihren Interessen; bemüht euch, über eure Angelegenheiten wie über etwas Nebensächliches zu denken, in der Überzeugung, daß an euch wahrscheinlich nichts Besonderes ist.[118]

(John Ruskin)

Wenn unser drei zusammenkommen, finde ich sicher zwei Lehrer. Dem guten eifere ich nach; am liederlichen lerne ich mich bessern.

(Chinesische Weisheit)

30. Juli

Wahrheit ist Anfang und Ende. Wenn die Wahrheit nicht wäre, so wäre nichts. Deswegen betrachten Weise die Wahrheit als einen Schatz.

Die Wahrheit existiert nicht nur an und für sich, sondern hat auch alle Dinge geschaffen. Sie existiert an und für sich als Liebe; sie hat die Dinge geschaffen, weil sie Weisheit, natürliche Tugend und Tao[119] ist, der das Äußere mit dem Inneren vereint. Wenn die Menschen der Wahrheit auch keine Aufmerksamkeit widmen, verliert sie doch niemals ihre Bedeutung.

(Confucius)

31. Juli

Deswegen liebt mich der Vater, weil ich mein Leben hingebe, um es wieder zu empfangen. Niemand nimmt es mir, sondern ich gebe es freiwillig hin. (Johannes-Evangelium X, 17-18)

---

[118] Vergl. 3. März. – *Goethe* schreibt: „Nehmen wir sodann das bedeutende Wort vor: *Erkenne dich selbst*! So müssen wir es nicht im asketischen Sinne auslegen … es heißt ganz einfach: Gib einigermaßen acht auf dich selbst, nimm Notiz von dir selbst, damit du gewahr werdest, wie du zu deinesgleichen und der Welt zu stehen kommst. Hierzu bedarf es keiner psychologischen Quälereien: jeder tüchtige Mensch weiß und erfährt, was es heißen soll; es ist ein guter Rat, der einem jeden praktisch zum größten Vorteil gedeiht."
[119] *Schopenhauer* (Sinologie) bezeichnet das „*Tao*" als den Weg zum Heile, d. i. zur Erlösung von der Welt aus ihrem Jammer.

Du selbst schaffst Böses und leidest auch selbst; du selbst fliehst vor der Sünde und reinigst dich auch selbst vom Bösen. Du selbst machst dich rein und unrein, und kein anderer ist dein Retter.

(Dhammapada)

Leib und Seele hält der Mensch für sein Eigentum, für das er unermüdlich sorgt. Wisse aber, daß du selbst, dein Wesen, im Geiste ist. Nimm dieses Bewußtsein in dich auf, erhebe deinen Geist über deinen Leib, behüte ihn vor allem Schmutz des Lebens, laß den Leib ihn nicht erdrücken; vernachlässige nicht dein leibliches Leben, sondern verschmilz es mit dem geistigen, dann erfüllst du jede Wahrheit und lebst ungestört in Gott, indem du deinen Beruf erfüllst.

(Marc Aurel)

1. August

Wer Gelehrsamkeit sucht, wächst mit jedem Tage in den Augen der Welt.

Wer Vernunft sucht, wird mit jedem Tage kleiner.

Er wird immer kleiner und kleiner, bis er die Demut ganz erreicht hat. Wenn er aber die Demut ganz erreicht hat, gibt es kein Ding, das er nicht vollbringen könnte.

(Lao-Tse)

2. August

Aufrichtige Worte sind nicht angenehm; angenehme Worte sind nicht aufrichtig.

Gute Menschen sind nicht streitsüchtig; streitsüchtige sind nicht gut.

Weise sind nicht gelehrt; Gelehrte sind nicht weise.

Ein Heiliger sammelt nicht; aber je mehr er für andere tut, um so mehr erwirbt er.

Die himmlische Vernunft ist wohltätig, aber schadet nicht. Die Vernunft eines Heiligen treibt zur Tätigkeit, aber nicht zum Streit.

(Lao-Tse)

3. August

Auf der Badewanne des Königs Tsching Tschang[120] waren folgende Worte eingraviert: „Jeden Tag erneuere dich vollständig; und das tu nochmals, abermals und immer wieder."[121]

(Chinesische Weisheit)

Die Tugend des Weisen erinnert an eine Reise in ein fernes Land und an einen Aufstieg auf eine Höhe: die in ein fernes Land wandern, beginnen ihre Wanderung mit dem ersten Schritt; die eine Höhe besteigen, beginnen am Fuß des Berges.

(Confucius)

4. August

Wie gut steht es dem Menschen an, wenn er sich in vergeblichem Suchen des Heils in dieser Welt erschöpft und müde seine Hände nach Christus ausstreckt.[122]

(Blaise Pascal)

Um aus einem vollen Gefäße nicht zu verschütten, muß man es aufmerksam gerade halten.

Um eine Scheide scharf zu erhalten, muß man sie beständig schärfen.

Wenn Gold und Edelsteine ein Haus anfüllen, ist es schwer zu bewachen.

Ein Reicher, Berühmter und Stolzer ziehen sich selbst Unglück zu.

Um etwas Großes zu vollenden, um Ruhm zu erwerben, begibt man sich am besten in die Einsamkeit.

Darin besteht der wahre Weg zur Heiligkeit.

(Lao-Tse)

---

[120] Regierungszeit unbekannt.

[121] *Goethe*: „Genau besehen haben wir uns noch alle Tage zu reformieren und gegen andere zu protestieren, wenn auch nicht in religiösem Sinne."

[122] „Wenn ein Söhnchen, von vielem Herumlaufen mit Staub bedeckt, des Vaters Glieder umfängt, so ist dieses wohl der höchste Genuß." (*Indischer Spruch*)

5. August

Unser Wissen reicht nicht hin, auch nur das Leben des menschlichen Körpers zu verstehen. Gebt acht, was man dazu wissen muß: der Körper hat Raum, Zeit, Bewegung, Wärme, Licht, Speise, Wasser, Luft und vieles andere nötig. In der Natur hängt aber alles so eng zusammen, daß man nicht eins verstehen kann, ohne das andere studiert zu haben. Man kann nicht Teile erkennen, ohne das Ganze zu kennen. Das Leben unseres Körpers verstehen wir nur, wenn wir alles untersuchen, was er nötig hat. Dazu ist aber Kenntnis des ganzen Weltalls erforderlich. Das Weltall ist aber unendlich und seine Kenntnis für Menschen unmöglich. Folglich können wir auch das Leben unseres Körpers nicht ganz verstehen.

(Blaise Pascal)

6. August

Jemand sitzt im Gefängnis und weiß nicht, welches Urteil über ihn gesprochen ist. Ihm bleibt im ganzen eine Stunde Zeit, um es zu erfahren, und wenn er erfährt, daß er zum Tode verurteilt ist, so genügt diese Stunde, eine Aufhebung des Todesurteils zu erwirken. Wird er nun wirklich die Stunde nicht darauf verwenden, das Urteil zu erfahren, sondern sie mit Kartenspiel hinbringen? Das wäre doch unglaublich. Dabei handeln aber alle Menschen so, die nicht an Gott und eine Ewigkeit glauben.

(Blaise Pascal)

Jeder Vogel weiß, wo er sein Nest baut. Dadurch zeigt er, daß er seine Bestimmung kennt. Kann wirklich ein Mensch, das verständigste von allen Wesen, nicht wissen, was ein Vogel weiß?

(Chinesische Weisheit)

119

7. August

Wer von euch, der einen Sklaven zum Pflügen oder Viehweiden hat, sagt ihm bei seiner Rückkehr vom Felde: Komm schnell, setz dich zum Essen? Sagt er nicht vielmehr zu ihm: Mach mir mein Essen zurecht, gürte dir das Gewand und bediene mich, bis ich gegessen und getrunken habe, und dann magst du selbst essen und trinken. Wird er dem Sklaven dafür danken, daß er getan, was ihm befohlen war? Ich denke nicht. So ist es auch mit euch: Wenn ihr alles getan habt, was euch befohlen war, sprecht: wir sind unnütze Sklaven, wir haben nur getan, was unsere Schuldigkeit war.

(Lukas-Evangelium XVII, 7-10)

Wähl deinen Platz weiter unten, als er dir zukommt.

Es ist besser, wenn man dir sagt: rück hinauf, als komm herab.

Wer sich erhöht, den erniedrigt Gott; wer sich aber demütigt, den erhöht Gott.

(Talmud)

8. August

Weiser Konsum ist schwieriger als weise Produktion. Was zwanzig Menschen mit Anstrengung produzieren, kann ein einzelner leicht konsumieren, und die Lebensfrage für den einzelnen wie für ein ganzes Volk besteht nicht darin, wieviel man produziert, sondern darin, wozu man diese Produkte verwendet.

Es wird oft behauptet, die praktische Tätigkeit des einzelnen sei ohne jeden Einfluß auf eine Veränderung oder Verzögerung des gegenwärtigen Industriesystems oder der Fabrikations- und Handelsmethoden.

Wenn ich mich aber in die Menge gelehrter Auseinandersetzungen vertiefe, die in das eine Ohr der Leute hinein- und zum anderen wieder hinausgehen, verspüre ich bisweilen den unbezähmbaren Wunsch, den ganzen übrigen Teil meines Lebens schweigend das zu tun, was ich für vernünftig halte, und nie mehr über etwas zu reden.

(John Ruskin)

9. August

Einige fürchten so die Unwissenheit, in der die Menschen ihrer natürlichen Beschaffenheit gemäß nun einmal leben, fürchten so den Tod und alles Unglück, daß sie sich bemühen, überhaupt nicht an diese Dinge zu denken. Sie suchen beständig neue Zerstreuungen und Vergnügungen und glauben damit ihre Unruhe zu betäuben und glücklich zu werden. Aber auf diesem Wege können sie keine Zufriedenheit erlangen, da jemand, der sein Vergnügen sucht, niemals zufrieden ist: hat er erlangt, was er wünscht, so findet er keine Ruhe, sondern verspürt sogleich neue Wünsche, die noch nicht befriedigt sind.

Man glaubt gewöhnlich, das Leben des Königs sei das allerbeste. Wenn aber ein König ohne Zerstreuungen bleibt und Zeit hat, über sich selbst nachzudenken, so nimmt er seine unglückliche Lage wahr und denkt an alles, was ihm droht: Unbotmäßigkeit, Unordnungen, Krankheit, Tod. Deswegen ist ein König, der keine Zerstreuung hat, unglücklicher als der letzte seiner Untertanen, der Karten spielen und sich zerstreuen kann.[123]

(Blaise Pascal)

10. August

Die himmlische Vernunft gleicht einem Bogenspanner. Er senkt, was oben ist, und hebt, was unten ist. Er nimmt dort, wo zu viel ist, und fügt hinzu, wo zu wenig ist.

(Confucius)

---

[123] *Schopenhauer* (Von dem, was einer ist): „Denn in der Einsamkeit, als wo jeder auf sich selbst zurückgewiesen ist, da zeigt sich, was er an sich selber hat: da seufzt der Tropf im Purpur unter der unabwälzbaren Last seiner armseligen Individualität ..."
Ein paar Verse: Einsamkeit, du bist die Sonne, / Die die schönsten Früchte reift. / Wenn der Herbst die Hoffnungsblüten / Leise von uns abgestreift. / Und uns weder Schmerz noch Wonne / Tief mehr in die Seele greift.

11. August

Dem Weisen steht es ebensowenig an, über das Wesen der Dinge über ihm, wie der Dinge unter ihm zu urteilen. Die Annahme, daß der Mensch die ersteren erreichen könnte, ist doch allzu kühn, wie es andererseits etwas Herabwürdigendes hat zu glauben, daß er seine ganze Aufmerksamkeit auf die zweiten richten könnte. Seine stets relative Größe und Nichtigkeit erkennen, sich und seinen Platz in der Natur kennen, zufrieden sein mit seiner Abhängigkeit von Gott, den man nicht begreifen kann, den niedrigsten Geschöpfen mit Liebe und Güte begegnen, ohne ihre tierischen Leidenschaften zu teilen und nachzuahmen – das heißt demütig gegen Gott, gut gegen seine Geschöpfe und weise gegen sich selbst sein.

(John Ruskin)

12. August

Eine bestimmte Voraussetzung menschlicher Arbeit ist, daß ihre größte Menge sich in richtigem Verhältnis zur Zeit der Saat und Ernte befindet und daß deshalb der Erfolg um so größer und umfassender sein wird, je entfernter das Ziel unserer Bestrebungen ist, und je weniger wir die Früchte unserer Arbeit selbst zu sehen wünschen.

(John Ruskin)

Wer Böses tut, lebt in Behagen, solange die Frucht seines bösen Wirkens nicht gereift ist; wenn diese Frucht aber gereift ist, erblickt der Missetäter seine Bosheit vor aller Augen.[124]

---

[124] Nach Th. Schultzes *Dhammapada*-Übersetzung lauten die Verse: „Während die böse Tat, die vollbracht ward, Früchte noch nicht trägt, glaubt sie der Tor süß wohl wie Honig; aber wenn reif sie ward, dann erreicht ihn bitteres Leid."
Ich finde bei *Böhtlingk* folgende anklingende indische Sprüche: „Das Unrecht, das man in der Welt begeht, trägt wie ein Acker nicht sogleich Früchte; es kommt aber allmählich heran und schneidet dem Täter die Wurzeln ab (d. h. vernichtet ihn bis auf den Grund)." – „Notwendig empfängt der Täter den Lohn (die Frucht) der bösen Tat nach Ablauf einer bestimmten Zeit, wie der Baum die der Jahreszeit entsprechende Frucht."

Böse Tage sieht der Tugendhafte – die Früchte seiner guten Werke sind immer noch nicht gereift; aber glücklich wird er sein, wenn sein Werk gute Früchte trägt.

(Dhammapada)

13. August

Such keinen Ruhm in unrühmlichen Taten anderer.

(Talmud)

Dem Gebildeten steht es wohl an, die Schande anderer zu verbergen, selbst der Leute, die ihn geschädigt haben.

(Talmud)

Den Reumütigen soll man nicht an seine früheren Sünden erinnern.

(Talmud)

14. August

Ich aber sage euch: Liebet eure Feinde, segnet, die euch fluchen, tut wohl denen, die euch hassen, und betet für die, die euch beleidigen und verfolgen.

(Matthäus-Evangelium-Evangelium V, 44)

Eine schöne Eigenschaft des Menschen ist seine Fähigkeit, auch seine Feinde zu lieben. Diese Liebe wird in ihm durch die Einsicht erweckt, daß alle Menschen Brüder sind, daß sie gegen ihren Willen sündigen, daß Beleidigern und Beleidigten dasselbe Ende bevorsteht, hauptsächlich aber, daß Beleidigungen den Menschen nicht schädigen können, denn nur er selbst kann seine Seele schädigen.

(Marc Aurel)

15. August

„Hier werde ich während der Regenzeit[125] wohnen", „Dort werde ich mich im Sommer niederlassen", so phantasiert der Tor und denkt nicht an den Tod. Aber der kommt plötzlich und trägt den Menschen voller Sorgen, Eigennutz und Zerstreutheit fort, wie eine Überschwemmung ein schlafendes Dorf wegspült.[126]

Weder Sohn noch Vater, weder Verwandte noch Freunde – niemand hilft uns, wenn uns der Tod ereilt; der Gute und Weise, der den Sinn hiervon klar erfaßt hat, säubert schnell den Weg, der zur Ruhe führt.

(Dhammapada)

16. August

Schreckt dich wirklich die Veränderung? Geschieht doch nichts in der Welt ohne Veränderung. Das Wesen der ganzen Natur besteht in Veränderung.[127] Man kann Wasser nicht wärmen, ohne daß mit dem Brennholz eine Veränderung vor sich geht. Die Ernährung ist unmöglich ohne Veränderung der Speise. Das ganze Leben ist nichts anderes als Veränderung. Lerne einsehen, daß die Veränderung, die deiner wartet, genau denselben Sinn hat und nach der Natur der Dinge unbedingt notwendig ist. Man muß sich nur bemühen, nie etwas zu tun, was der wahren Natur des Menschen zuwiderläuft, und in allem so handeln, wie sie vorschreibt.

(Marc Aurel)

---

[125] Die Regenzeit, sanskr. „Was" genannt, soll auf Ceylon der schönste Teil des Jahres sein. Die Buddha-Mönche leben dann in Hütten, die die indischen Bauern ihnen errichten.

[126] Das Gleichnis von der Hochflut (Ogha), die plötzlich hereinbricht und den sorglosen Schläfer mit sich fortführt, ist im Dhammapada ebenfalls sehr häufig. Es gibt verschiedene Arten der (bildlichen) Flut: sinnliche Begierde, Sünde, Seelenwanderung und Täuschung, und wer das Eiland des Nirwana erreicht hat, wird Oghatinna (gerettet aus der Flut) genannt.

[127] Das Grundprinzip des griechischen Philosophen Heraklit (500 v. Chr.), der die Gesamtheit der Dinge in ewigem Fluß, in ununterbrochener Bewegung bezeichnete. – Die Stoiker haben Heraklits Schriften ausgelegt.

17. August

Jede richtige Wissenschaft beginnt mit der Liebe, nicht aber mit der Untersuchung der Mitmenschen und endet mit der Liebe, nicht aber mit der Definition Gottes.

(John Ruskin)

Der Weise sprach: „Meine Lehre ist einfach und ihr Sinn leicht zu erfassen. Sie besteht darin, den Nächsten wie sich selbst zu lieben."[128]

(Chinesische Weisheit)

18. August

Es ist schon oft ausgesprochen und ist vollkommen richtig, daß der ganze Unterschied zwischen einem Genie und den übrigen Menschen darin besteht, daß es meistens ein Kind bleibt, das mit großen Augen und unendlichem Erstaunen im Bewußtsein nicht seiner hohen Bedeutung, sondern seiner unbegrenzten Unwissenheit und zugleich seiner Macht in die Welt blickt.

(John Ruskin)

Wenn die Menschen für sich selbst studieren, ist das Studium nützlich, wenn sie es aber der anderen wegen tun, um gelehrt zu erscheinen, ist diese Gelehrsamkeit unnütz.

(Chinesische Weisheit)

19. August

Menschensohn! Gib nicht acht auf die Einflüsterungen des Versuchers, der da spricht: „Bin ich etwa von Stein, ist mein Leib aus Kupfer, daß du mir diese schwere Bürde auflädst: die Erfüllung der Gebote. Werden doch all meine Tage und Nächte nicht hinreichen, um

---

[128] „Das Christentum hat indisches Blut im Leibe," schreibt *Schopenhauer* irgendwo. Es hat also auch, nach obigem, chinesisches Blut im Leibe.

sie sämtlich zu erfüllen." Du mußt wissen, daß solche Gedanken Einflüsterungen des Bösen sind, der dir die Erfüllung der Gebote als etwas Schweres hinstellt, damit du ganz von der Wahrheit abkommst und in die Falle gerätst. Wisse auch, daß die größere Hälfte der Gebote Verbote bilden, die dem Menschen sagen: „Du sollst nicht." Den größeren Teil der übrigen Hälfte bilden wiederum Gebote über die Einheit mit Gott und die beständige Liebe zu ihm, ferner, daß man seinen Nächsten nicht schädige, sich des Raubes enthalte usw. Auf diese Weise sind die Gebote sehr leicht zu erfüllen, da der größte Teil von ihnen passive sind, d. h. solche, die nur Enthaltung von einer Handlung fordern, einen sehr geringen Teil aber nur die aktiven bilden und auch ihre Erfüllung nicht eine fortwährende, sondern nur eine gelegentliche, periodische ist, wie z. B. das Almosengeben, Schutz des Bedrängten vor seinen Bedrängern, – Handlungen, die sich nicht jeden Tag wiederholen, sondern nur bisweilen eintreten.[129]

(Talmud)

20. August

Seht alle eure Gaben und euer Wissen als Mittel an, um anderen zu helfen.

Dem Starken und Klugen sind seine Gaben nicht gegeben, um Schwache zu bedrücken, sondern um sie zu leiten und zu unterstützen.

(John Ruskin)

21. August

Ihr habt gehört, daß gesagt ist: Liebe deinen Nächsten und hasse deinen Feind. Ich aber sage euch: Liebet eure Feinde, segnet, die

---

[129] *Moses* hatte, dem Talmud zufolge, den Israeliten 613 Gebote befohlen, die David in elf, Jesaia in sechs, Micha in drei und Habakuk in das eine zusammenfaßte: „Der Gerechte wird durch seine Treue leben." (s. Ps. 15; Jes. 33, 15-16, Micha 6, 8; Hab. 2, 4.)

euch fluchen, tut wohl denen, die euch hassen, und betet für die, die euch beleidigen und verfolgen.

(Matthäus-Evangelium V, 43-44)

Wer ist ein Held? – Der seinen Feind in einen Freund verwandelt.

(Talmud)

22. August

Absolute Gerechtigkeit und Wahrheit sind ebenso unerreichbar wie absolute Gewißheit; aber ein *gerechter* Mensch unterscheidet sich von einem *ungerechten* durch sein Leben in Gerechtigkeit und seine Hoffnung, sie zu erreichen, – wie ein wahrhaftiger von einem lügenhaften durch seinen Wahrheitsdurst und seinen Glauben an die Wahrheit.

Ehrlicher Begeisterung entspringende Fehler sind niemals schädlich, weil sie stets in guter Absicht geschehen und vorne auf den Weg, aber nicht hinten in den Graben fallen und deswegen von unseren Nachfolgern immer verbessert werden können.

(John Ruskin)

Die Fehler eines Weisen gleichen der Sonnen- und Mondfinsternis. Wenn ein Weiser irrt, sehen es alle Leute, und sie sehen auch, wie er sich bessert.[130]

(Chinesische Weisheit)

23. August

Freiwillige und rohe Unwissenheit macht einen unvollkommenen, aber nicht beleidigenden Eindruck. Unfreiwillige und verschlagene Unwissenheit aber, die das studiert, was sie nicht imstande ist, zu verstehen, und das nachahmt, was sie nicht genießen kann, hat eine

---

[130] *Goethe*: „Einem Klugen widerfährt keine geringe Torheit."

ganze Generation von höchst abscheulichen, würdelosen und ver-
kommenen Menschen zur Folge.

(John Ruskin)

24. August

Wenn ihr Nüsse und Pfefferkuchen auf die Straße werft, kommen
Kinder herbeigelaufen, sammeln sie auf und prügeln sich dabei. Erwachsene dagegen werden sich darum nicht prügeln. Und sind es
leere Eierschalen, werden auch Kinder sie nicht aufsammeln.

Für mich sind Geld, Ämter, Ehren, Ruhm dasselbe wie Pfeffer-
nüsse und Süßigkeiten für Kinder. Mögen Kinder sie aufsammeln,
sich ihretwegen schlagen und jagen, mögen sie Reichen, Würdenträ-
gern und ihren Dienern die Hände küssen – für mich ist das alles –
Pfefferkuchen. Wenn mir zufällig eine Nuß in die Hände fällt, warum soll ich sie nicht essen? Aber mich bücken, um sie aufzuheben,
deswegen kämpfen, andere zu Boden werfen oder selbst stürzen –
das lohnt sich solcher Narrenspossen wegen nicht.[131]

(Epiktet)

25. August

Ein weiser Mann steigt immer höher in Vernunft und Scharfsinn, ein
nichtsnutziger aber sinkt immer tiefer in Unwissenheit und Laster.

(Chinesische Weisheit)

Je älter die Leute werden, die ein geistige Leben leben, um so mehr
erweitert sich ihr geistiger Horizont, um so klarer wird ihre Erkenntnis; Unwissende werden aber mit den Jahren noch blöder.

(Talmud)

---

[131] Wie zeitgemäß!

26. August

Das Schwächste in der Welt besiegt das Stärkste; deshalb sind der Vorrang der Demut und der Vorteil des Schweigens groß. Nur wenige in der Welt können demütig sein.

Wenn der Mensch lebt, ist er zart und biegsam; wenn er stirbt, wird er hart und trocken.

Alle Dinge, Kräuter ebenso wie Bäume, sind zart und biegsam, solange sie leben. Wenn sie sterben, werden sie hart und trocken. Deswegen sind das Harte und das Trockene Genossen des Todes; das Weiche und das Zarte Genossen des Lebens. Deswegen ist, wer eine harte Faust besitzt, nicht Sieger. Wenn ein Baum hart geworden ist, ist er dem Tode geweiht. Die Starken und Großen befinden sich unten; Zarte und Weiche sind über ihnen.

(Lao-Tse)

27. August

Der Lohn für die Erfüllung der Gebote sind eben die Gebote, d. h. wenn jemand eins von den Geboten erfüllt, eröffnet Gott ihm die Möglichkeit, noch ein anderes zu erfüllen, was eine nicht unwichtige Vergünstigung bedeutet, da es dem Menschen zum Vorteil dient.

(Talmud)

Keine Tugend kommt jemals allein vor. Sie hat stets Genossinnen.

(Chinesische Weisheit)

28. August

Deswegen sage ich euch: Sorgt nicht für euer Leben, was ihr essen und was ihr trinken sollt; auch nicht für euren Körper, was ihr anziehen sollt. Ist euer Leben nicht mehr als die Nahrung, und der Körper mehr als die Kleidung?

Seht die Vögel des Himmels an; sie säen nicht, sie ernten nicht und sammeln nicht in Scheunen, und euer himmlischer Vater nährt sie doch. Seid ihr nicht weit besser als sie?

Wer von euch kann mit allen seinen Mühen seine Größe auch nur um eine Elle vermehren?

So sollt ihr also nicht sagen und sprechen: was sollen wir essen? oder was sollen wir trinken? oder was sollen wir anziehen?

Suchet zuerst da Reich Gottes und seine Gerechtigkeit, und das andere wird euch alles zu teil werden.

Also sorget nicht für den morgigen Tag. Denn der morgige Tag wird für sich selbst sorgen. Es ist genug, daß jeder Tag seine Plage hat.

(Matthäus-Evangelium VI, 25-27, 31, 33-34)

Wer Brot im Korbe hat und fragt: was soll ich morgen essen?, der gehört zu den Kleinmütigen.[132]

(Talmud)

29. August

Aus dem Genuß entsteht Kummer, der Genuß hat furchtbare Folgen; wer den Genuß nicht sucht, für den gibt es keinen Kummer und nichts Furchtbares.[133]

(Dhammapada)

Die Menschen suchen Zerstreuung und treiben bald dieses und bald jenes, nur weil sie die Leerheit ihres Lebens fühlen; aber sie fühlen noch nicht die *Leerheit* der neuen Lust, die sie lockt.[134]

(Blaise Pascal)

30. August

Wer Gott fürchtet, der fürchtet die Menschen nicht. Wer aber die Menschen fürchtet, fürchtet Gott nicht.[135]

---

[132] Vgl. 18. Januar.

[133] *Voltaire* schreibt: „Il n'est de vrais plaisirs, qu'avec de vrais besoins." Vergl. Voltaire am 23. Nov.

[134] Vergl. 9. Aug. u. Anmerkung 123.

[135] Die *Bibelstelle*, die beginnt: „Fürchtet euch nicht vor denen, die den Leib töten …", wird jedem geläufig sein.

Erfüll den Leuten alle Launen – du setzst sie doch nicht in Erstaunen.

Auf die Leute hören, heißt Wasser in einem Sieb tragen.

(Sprichwörter)

31. August

Die Menschen, die glauben, daß alles auf das Wissen ankommt, gleichen Schmetterlingen, die ins Licht fliegen: sie selbst kommen um, und sie verdunkeln das Licht.[136]

(L. T.)

Große Gedanken kommen aus dem Herzen.[137]

(Vauvenargues)

Fürchte nicht Unwissenheit, fürchte falsches Wissen. Von ihm kommt alles Übel der Welt.

(L. T.)

Es ist schlimm, daß die Menschen Gott nicht kennen, aber weit schlimmer ist, daß sie als Gott anerkennen, was nicht Gott ist.

(Lactantius)[138]

---

[136] *Schiller* (Falscher Studiertrieb): „O, viel neue Feinde der Wahrheit! Mir blutet die Seele, seh' ich das Eulengeschlecht, das zu dem Lichte sich drängt." – *Goethe*: „Keine Ferne macht dich schwierig, / Kommst geflogen und gebannt / Und zuletzt des Lichts begierig, / Bist du, Schmetterling, verbrannt." – *Indischer Spruch*: „Wer wohl geht nicht zugrunde, wenn er aus Unverstand einer reizenden Schönhüftigen zu nahe kommt? Ihm geschieht wie der Motte, die zum Licht der Lampe fliegt."

[137] Wiederholt vom 26. Februar.

[138] *Lactantius*, lateinischer Kirchenschriftsteller des 4. Jahrhunderts. Sein berühmtestes Werk sind die *Institutiones divinae*. Wegen seines eleganten Stils der „christliche Cicero" genannt.

1. September

Die einen sagen: „Geh in dich, und du wirst Ruhe finden". Darin liegt noch nicht die ganze Wahrheit.

Die anderen sagen dagegen: „Geh aus dir heraus: bemüh dich, dich selbst zu vergessen und das Glück in Zerstreuung zu finden." Auch das ist nicht das Richtige, schon deswegen nicht, weil man auf diesem Wege Krankheiten z. B. nicht entgehen kann.

Ruhe und Glück sind nicht in uns, nicht außer uns, sie sind in Gott, der in und außer uns ist.

(Blaise Pascal)

2. September

Der Mensch ist hauptsächlich vier Verführungen ausgesetzt, gegen die man stets zu kämpfen bereit sein muß. Laß deine Vernunft sofort gegen sie ins Feld rücken. Die Verführungen sind: *Einbildung* – halte sie im Zaum, sag dir: das, worüber ich augenblicklich nachdenke, ist müßig; *Egoismus* – das, was ich unternehme, läuft dem Gemeinwohl zuwider; *Unwahrheit* – was ich sagen will, geht gegen mein Gewissen, und darum auch gegen die Wahrheit; endlich das Gefühl der *Wollust* – unterdrücke es im Bewußtsein, daß du deinem göttlichen Ursprung nicht wieder gut zu machenden Schaden zufügst, wenn du den Begierden freien Lauf und das blinde tierische Wesen über dein geistiges Wesen die Oberhand gewinnen läßt.

(Marc Aurel)

3. September

Der Mensch vergrößert sein Glück in dem Maße, in dem er anderen Glück verschafft.

(Bentham)[139]

---

[139] *Jeremy Bentham* (1748-1832), englischer Rechtsphilosoph von bedeutendem Einfluß. Hauptwerk: „*Introduction to the principles of morals and legislation*" 1789.

Gott will, daß wir einer durch des anderen Glück und Leben leben, aber nicht durch gegenseitiges Unglück und Tod. Die Menschen helfen sich durch ihre Freude, nicht aber durch ihr Leid.

(John Ruskin)

4. September

Denn aus den Herzen kommen die bösen Gedanken, Mord, Ehebruch, Unzucht, Diebstahl, falsches Zeugnis, Verleumdung.

(Matthäus-Evangelium XV, 19)

Die Taten sind nicht so gut oder tadelnswert wie unsere Wünsche.

(Vauvenargues)

Weiterhin eilen die körperlosen Gedanken, still schleichen sie heran, die tief verborgenen; wer sie sich unterordnet, wer sie bezähmt, der befreit sich von ihrer Verführung.[140]

(Dhammapada)

5. September

Die Wahrheit ist etwas Kreisähnliches (Unendliches)[141]; sie ist imstande, eine Gestalt anzunehmen. Wenn sie Gestalt angenommen hat, dann zeigt sie sich. Die Wahrheit, die sich zeigt, liegt vor aller Augen. Was vor den Augen liegt, bewegt sich; was sich bewegt – verändert sich; was sich verändert – verwandelt.

Was die Verwandlung vollendet, ist die Weltwahrheit.

(Confucius)

---

[140] „Empfangt eure Gedanken wie Gäste und behandelt eure Wünsche wie Kinder." (*Chinesischer Spruch*)

[141] Als in der Religionsstunde von der *Ewigkeit* die Rede war und der Lehrer sie u. a. als etwas bezeichnete, was kein Mensch sich vorstellen könne, trat einer der 10- bis 12jährigen Schüle an die Tafel und zog einen *Kreis*. Er wurde ausgelacht. Heute tröstet er sich mit *Ruskins* Worten: „Kinder halten oft in ihren schwachen Händen" usw., am 29. Januar.

6. September

Ein geschickter Krieger wird nicht kampflustig sein; ein geschickter Fechter nicht rauflustig. Wer die Menschen geschickt zu behandeln weiß, ist friedfertig. Das nennt man Tugend des Nichtwiderstehens, das heißt, Übereinstimmung mit dem Himmel.

(Lao-Tse)

Ein Zweig, der von seinem Ast abgeschnitten ist, ist dadurch von dem ganzen Baume getrennt. So reißt auch der Mensch bei einem Streit mit einem anderen sich von der ganzen Menschheit los. Aber der *Zweig* wird von fremder Hand abgeschnitten, der *Mensch* dagegen entfernt sich selbst durch Neid und Bosheit von seinem Nächsten, allerdings ohne zu wissen, daß er sich dadurch von der ganzen Menschheit losreißt.

(Marc Aurel)

7. September

Die Tugend der Menschenliebe ist uns nicht fern; wir müssen sie uns nur wünschen, und sie kommt von selbst.

Seid strenge gegen euch selbst und nachsichtig gegen andere, so werdet ihr keine Feinde haben.[142]

(Chinesische Weisheit)

8. September

Das Hauptmerkmal eines guten und weisen Menschen besteht in dem Bewußtsein, daß er sehr wenig weiß, daß es viele Leute gibt, die weit verständiger sind als er, wo er denn immer zu erkennen, zu lernen, aber nicht zu lehren wünscht.

Die aber zu lehren oder zu herrschen wünschen, können weder gut lehren noch herrschen.

(John Ruskin)

---

[142] Ähnlich 12. Mai und 11. Juli.

9. September

Mein Körper ist allem äußeren Elend und Leiden unterworfen; da mag der Körper auch klagen, wenn ihm Schaden zugefügt wird. Aber solange ich mit meiner Vernunft nicht als Schaden erkenne, was dem Leibe geschieht, bleibt mein Wesen selbst unbeschädigt.

Sei nicht voreilig, trag deine Last, laß sie dir zum Guten dienen; entnimm ihr, was für dein vernünftiges Leben nötig ist, wie der Magen der Speise alles entnimmt, was der Leib nötig hat, oder wie das Feuer heller zu brennen beginnt, wenn man etwas hineinwirft.

(Marc Aurel)

10. September

Vom frühen Morgen an muß man sich beobachten und sich sagen: Ich kann alsbald mit einem frechen, undankbaren, unverschämten, scheinheiligen, zudringlichen und erbosten Menschen in Berührung kommen, denn an solchen Fehlern leidet jeder, der nicht weiß, was gut und was böse ist. Wenn ich aber selbst genau weiß, worin das Gute und das Böse besteht, und begreife, daß böse für mich nur die schlimme Tat ist, die ich selbst tue, so kann kein Beleidiger mich schädigen, denn niemand kann mich zwingen, gegen meinen Willen Böses zu tun. Wenn ich aber weiter einsehe, wie nahe verwandt mir jeder Mensch ist, nicht durch Fleisch und Blut, sondern im Geiste, der bei jedem von uns von Gott ist und den Teil unseres Wesens bildet, der mehr als unser Leib ist – so kann ich nicht auf ein Wesen böse sein, das mir so nahe verwandt ist, denn wir sind einer für den anderen geschaffen, sind berufen, einander zu helfen, wie eine Hand der anderen, ein Fuß dem anderen, wie Augen und Zähne, die sich stets gegenseitig helfen. Deshalb ist es unserer wahren Natur zuwider, wenn wir uns von dem Nächsten abwenden, der uns kränkt. Dagegen fehlt aber jeder Mensch, der den anderen wegen einer Kränkung haßt.

(Marc Aurel)

11. September

Wer aber bis ans Ende ausharrt, der wird gerettet werden.

(Matthäus-Evangelium XXIV, 13)

Wohl dem Menschen, der nicht der Versuchung nachgibt. Gott versucht jeden: Den einen durch Reichtum, den anderen durch Armut – den Reichen: ob er für Notleidende die Hand auftut, den Armen: ob er ohne Murren, der Vorsehung ergeben, seine Leiden ertragen wird.

(Talmud)

Beides, was wir Glück und was wir Unglück nennen, ist uns gleichmäßig von Nutzen, wenn wir das eine und das andere als eine Prüfung ansehen.

(L. T.)

12. September

Der niedrigste von allen Wissenssätzen, mit denen zeitgenössische Sirenen die Menschheit zu betören suchen, besteht in ihrem Bemühen, eine andere Lebensquelle zu zeigen als die Liebe.

Mit dem Munde verkünden sie sentimental das Gebot: „Du sollst deinen Nächsten lieben wie dich selbst", aber in Wirklichkeit klammern sich die Menschen wie wilde Tiefe mit ihren Krallen an diese Nächsten und treten sie mit den Füßen zu Boden, wobei jeder, der es nur kann, von der Arbeit anderer lebt.

(John Ruskin)

13. September

Frömmigkeit beginnt immer mit Bescheidenheit. Ihr müßt erst fühlen, daß ihr sehr unbedeutend seid, und daß es deswegen besser für euch ist, zu tun, was man euch befiehlt, und dann darüber nachzudenken, was man euch befiehlt, und wer es euch befiehlt, und ihr werdet stets finden, daß ihr immer einen klaren Begriff von dem habt, was gut und böse ist, und wem ihr auf seinen Wunsch stets folgen könnt.

(John Ruskin)

14. September

Wer spricht: Ich werde sündigen und werde Buße tun, dem wird (von oben) nicht gegeben, Buße zu tun; wer spricht: Ich werde sündigen, der Bußtag erlöst mich von meinen Sünden, den erlöst der Bußtag nicht von seinen Sünden. Vergehen gegen Gott werden am Bußtag gebüßt, aber Vergehen gegen den Nächsten werden nicht gebüßt, solange der Nächste nicht zufrieden gestellt ist.[143]

(Talmud)

Die Reue ist nur dann wahr, wenn jemand sich dessen enthält, was er bereut.

(L. T.)

15. September

Daß Flüsse und Meere über alle Täler herrschen, kommt daher, daß diese niedriger sind als jene.

Deswegen muß ein Heiliger, der über dem Volk stehen will, in seinen Reden unter ihm sein. Wenn er es leiten will, muß er hinter ihm bleiben.

Deswegen lebt ein Heiliger über dem Volk, aber das Volk fühlt es nicht. Er ist dem Volk vorauf, aber das Volk leidet nicht darunter. Deswegen preist ihn die Welt unablässig. Da er mit niemandem streitet, streitet niemand in der Welt mit ihm.

(Lao-Tse)

---

[143] *Indischer Spruch*: „Sobald ein Mensch das Unrecht, welches er vollbracht hat, selbst bekennt, wird er von diesem Unrecht befreit, wie eine Schlange von ihrer (alten) Haut."

16. September

Borniertheit ist stets der Grund von Judasabkommen. Wir tun Ischarioth sehr unrecht, wenn wir ihn für einen besonders schlechten Menschen halten. Er war ein gewöhnlicher Liebhaber des Geldes, konnte, wie all diese Leute, Christus nicht begreifen, ihn nicht würdigen, sich seine Bedeutung nicht erklären. Er hätte niemals geglaubt, daß Christus hingerichtet würde, und als er sah, wie Jesus verurteilt wurde, überkam ihn die Angst, er warf das Geld hin, ging hin und erhenkte sich.

Ob sich wohl jetzt viele Geldsäcke aus Mitleid mit einem x-beliebigen Menschen, der ihretwegen hingerichtet wird, aufhenken würden?[144]

(John Ruskin)

17. September

Ein Weiser wurde gefragt: „Worin besteht die Tugend der Menschenliebe?" Er sagte: „Darin, daß man die Menschen liebt."

Ebenso wurde er gefragt: „Was ist Wissenschaft?" Er sagte: „Daß man sie (die Menschen) kennt."

Der Weise verehrt drei Dinge: die himmlischen Gesetze, die bedeutenden Menschen und die Worte der Heiligen. Unbedeutende Menschen kennen die himmlischen Gesetze nicht und halten sie deswegen nicht; sie schätzen auch die bedeutenden Menschen nicht und lachen über die Worte der Heiligen.

(Chinesische Weisheit)

---

[144] Es sind furchtbare Anklagen, die *Ruskin* hier der Gegenwart ins Gesicht schleudert! – Wie unendlich verschieden ist seine Auffassung des Judas von derjenigen z. B. eines Paul Heyse im Drama „*Maria von Magdala*"!

18. September

Nicht jeder, der zu mir spricht: Herr! Herr! Wird in das Himmelreich eingehen, sondern wer den Willen meines himmlischen Vaters erfüllt.

(Matthäus-Evangelium VII, 21)

Wer die Grundätze der gesunden Vernunft kennt, steht hinter dem zurück, der sie liebt. Wer sie liebt, steht hinter dem, der sie befolgt.

(Chinesische Weisheit)

19. September

Wenn Regenwasser aus den Rinnen fließt, scheint es ihnen zu entspringen, während es in Wirklichkeit vom Himmel fällt. Dasselbe geschieht mit den heiligen Lehren, die göttliche Männer uns verkünden. Sie scheinen von ihnen auszugehen, gehen in Wirklichkeit aber von Gott aus.

Um einen Splitter zu entfernen, den man sich in den Fuß getreten, nimmt man einen andern, um den ersten herauszuziehen.[145] Wenn das getan ist, wirft man den einen und den andern fort. Genau so ist Verstand nur nötig, um Unverstand zu beseitigen, der das Gesicht des göttlichen „Ichs" verdunkelt; in Wirklichkeit bilden aber Verstand und Unverstand keine richtige göttliche Offenbarung. Wer die richtige Offenbarung erreicht hat, kann weder verständig noch unverständig genannt werden, weil er von allem Doppelwesen und allen Beziehungen auf andere Dinge frei ist.

(Ramakrischna)

---

[145] „Man vertreibt einen Feind mit Hilfe eines anderen Feindes, den man durch einen Dienst gewonnen hat, gleichwie man einen im Fuße steckenden Dorn mit Hilfe eines in der Hand befindlichen herauszieht." (*Indischer Spruch*)

20. September

Es gibt Leute, die, nachdem sie jemandem einen Dienst erwiesen haben, sich sofort für berechtigt halten, dafür eine Belohnung zu erwarten; andere, die nicht direkt auf eine Belohnung rechnen, vergessen doch nicht eine Minute den geleisteten Dienst und geben innerlich zu, daß sie Schuldner haben; endlich gibt es Leute, die stets zu Diensten bereit sind, fast unwillkürlich, einzig aus Herzensbedürfnis. Sie gleichen dem Weinstock, der Trauben trägt, ganz zufrieden damit, daß seine Frucht an ihm reift.

(Marc Aurel)

21. September

Enthaltsamkeit bedeutet keine Unterdrückung oder geringe Entwicklung der Energie, bedeutet keine Verzögerung, z. B. in der Erscheinung der Liebe und des Glaubens, sondern bedeutet im Gegenteil Kraft und Energie in der Verhinderung dessen, was der Mensch für böse hält.[146]

(John Ruskin)

Wer die Tugend erreicht hat, ist standhaft in seinem Tun, selbst wenn er nicht verständig war. Er ist schwach (am Körper), aber stark (im Geiste).

(Confucius)

22. September

Mit Bösem übt dein Feind Vergeltung; schmerzlich zahlt dir heim, wer dich haßt; aber bei weitem das bitterste Leid tut dir der Verstand auf Abwegen.[147]

---

[146] „Nur der Weise kasteit sich selbst." (*Chinesischer Spruch*)
[147] „Was auch ein Hasser immer dem Hasser, was auch ein Feind zufügen dem Feind möge, weit schlimmer noch ist der Schade, den dein Gemüt mißleitet dir bringt." (*Dhammapada* 42)

Weder Vater noch Mutter noch Verwandte noch Freunde tun dir soviel Gutes wie dein Verstand auf rechtem Wege.[148]

(Dhammapada)

23. September

Wissen ist geistige Nahrung, es bedeutet für den Geist dasselbe, wie die Speise für den Körper (der Unterschied besteht etwa nur darin, daß der Geist verschiedenartige Nahrung nötig hat, während Wissen nur eine der vielen Arten ist), und unterliegt demselben Mißbrauch. Es kann derart verfälscht und nachgemacht werden, daß es ungesund ist; es kann so raffiniert versüßt und wohlschmeckend sein, daß es schließlich jeden Nährwert verliert. Und selbst mit der allerbesten Geistesnahrung kann man sich so übersättigen, daß man sich schließlich Krankheit und Tod zuzieht.

(John Ruskin)

24. September

Überzeug dich vom Unterschied zwischen irdischen und göttlichen Dingen. Von irdischen wird lediglich ein leeres Gefäß voll; von göttlichen aber – das Herz. Volle Herzen sind imstande eine neue Lehre aufzunehmen, wenn göttliches Wesen sie auch schon erfüllt; leere Herzen aber sind taub dafür.

(Talmud)

Ihr werdet Ruhe finden für eure Seelen, wenn ihr das Joch Christi auf euch nehmt, aber Seine Freudigkeit findet ihr nur, wenn ihr das Joch so lange tragt, wie Er es von euch fordert; nur dann geht ihr wirklich in die Freudigkeit eures Herrn ein.

(John Ruskin)

---

[148] Vergl. 15. August.

25. September

Wenn jemand nicht von oben her geboren wird, kann er das Reich
Gottes nicht schauen.

(Johannes-Evangelium III, 3)

Das Licht der Vernunft, das sittlicher Vollkommenheit entspringt,
heißt angeborene Tugend; sittliche Vollkommenheit, die dem Lichte
der Vernunft entspringt, heißt erworbene Heiligkeit. Zur sittlichen
Vollkommenheit ist das Licht der Vernunft unerläßlich; zum Licht
der Vernunft ist sittliche Vollkommenheit unerläßlich.

(Chinesische Weisheit)

Liebe und Vernunft sind die beiden Seiten, von denen wir Gott
schauen können.

(L. T.)

26. September

Begreife wohl und denke beständig daran, daß der Mensch stets so
handelt, wie es ihn für sich am besten dünkt. Wenn dieses in der Tat
für ihn das Beste ist, so hat er recht; wenn er sich aber irrt, ist er um
so schlimmer dran, da auf jeden Irrtum unfehlbar Leiden folgt.

Wenn du hieran beständig denkst, wirst du nie gegen jemand
böse oder aufgebracht sein, wirst nie jemand tadeln oder schelten
und mit niemand in Streit leben.

(Epiktet)

27. September

„Erkenne dich selbst" ist der erste Grundsatz. Aber glaubt ihr wirklich, daß man sich erkennen kann, indem man in sein Inneres blickt?
Nein, ihr könnt euch nur erkennen, indem ihr auf das blickt, was
außer euch ist. Vergleicht eure Kräfte mit denen der Anderen; eure
Interessen mit ihren Interessen; bemüht euch, über eure Angelegenheiten wie über etwas Nebensächliches zu denken, in der Überzeugung, daß an euch wahrscheinlich nichts Besonderes ist.

(John Ruskin) [Wiederholung vom 29. Juli]

28. September

Liebe ist nicht das Grundprinzip unseres Lebens. Liebe ist die Folge, aber nicht die Ursache. Die Ursache der Liebe ist das Bewußtsein – in sich – des göttlichen, geistigen Ursprungs. Dieses Bewußtsein fordert Liebe, erweckt Liebe.

Leben ist, was durch das Bewußtsein offenbar wird; es ist immer und überall. Unser Irrtum besteht darin, daß wir für Leben halten, was das Leben vor uns verschließt.

(L. T.)

29. September

Eine Arbeit ist nur dann gut getan, wenn sie mit Lust getan ist; kein Mensch kann aber mit Lust arbeiten, wenn er nicht weiß, daß er gerade das tut, was in dem gegebenen Moment nötig ist.

In den Augen Dessen, der alles Große und Kleine gemacht hat, hat das unbedeutendste Ding ebensolche Bedeutung wie das größte, und ein Tag wie tausend Jahre, und die unbedeutendsten Dinge wie die größten sind voll unerklärlicher Geheimisse des Großen Geistes.

Es wäre sehr zweckdienlich, eine Lebensbeschreibung der Leute zu verfassen, von denen die Welt nichts gehört und gedacht hat, die aber jetzt den Hauptteil aller Arbeit tun, und von denen wir am besten lernen können, wie sie zu tun ist.

(John Ruskin)

30. September

Die Werke der Gerechten sind Samenkörner, die bisweilen im Erdreich der Geschichte lange unbeweglich liegen; wenn sie aber Wärme und Feuchtigkeit empfangen, neue, gesunde Säfte, frische Kräfte in sich eingesogen haben, beginnen sie zu sprießen, zu blühen und Früchte zu tragen.[149] Was aber mit Gewalt und Unwahrheit gesät wird, verfault, vergeht und verschwindet spurlos.

Jede Generation ehre ihre bedeutenden Männer und rede nicht: „Ihre Vorgänger waren würdiger."

(Talmud)

1. Oktober

Wer die höchste Tugend besitzt, bemüht sich, stracks bis ans Ende zu gehen. Den halben Weg zurücklegen und dann schwach werden – davor muß man sich in Acht nehmen.

(Chinesische Weisheit)

Die Tugend im Menschen muß die Eigenschaften eines Edelsteines haben, der seine natürliche Schönheit unverändert bewahrt.

(Marc Aurel)

2. Oktober

Wahrlich, wahrlich, ich sage euch, um was ihr immer den Vater bittet in meinem Namen, das wird er euch geben.

(Johannes-Evangelium XVI, 23)

Ohne den Wunsch, Böses zu tun, und ohne Ehrgeiz gibt es keine tugendhafte Handlung, deren der Mensch fähig wäre.

(Chinesische Weisheit)

3. Oktober

Ich möchte die Menschen aufwecken, die Wahrheit zu suchen und sich von ihren Leidenschaften zu befreien, die sie daran hindern,

---

[149] *Schiller* (Glocke): „Dem dunkeln Schoß der heil'gen Erde vertrauen wir der Hände Tat" usw.

dorthin zu gehen, wo sie die Wahrheit finden können. Ich weiß, wie Leidenschaften und Sinnlichkeit den Verstand verdunkeln, und möchte, daß die Menschen diese tierischen Eigenschaften zu hassen beginnen, die sie blind machen, wenn sie ihren Weg suchen, und aufhalten, wenn sie diesen Weg gehen.

(Blaise Pascal)

Wenn jemand deutlich den Platz erkennt, auf dem er für immer stehen bleiben muß, so ist auch seine Seelenstimmung bestimmt. Wenn seine Seelenstimmung bestimmt ist, hört jede seelische Erregung auf. Wenn die seelische Erregung aufhört, tritt völlige Seelenruhe ein, und wer ungestörte Seelenruhe besitzt, wird fähig zum Nachdenken. Ein solcher Mensch ist empfänglich für jede Wahrheit.

(Confucius)

4. Oktober

Wer weiß, redet nicht. Wer redet, weiß nicht. Deswegen hält ein Weiser seinen Mund geschlossen und die Pforte seiner Sinne verriegelt. Er macht seine Schärfe stumpf, löst, was gebunden, mildert seinen Glanz, vereint sich mit seiner Asche. So wird er unzugänglich der Liebe und unzugänglich dem Haß.

Er ist unzugänglich dem Vorteil und unzugänglich dem Verlust; er ist auch unzugänglich dem Erfolge wie unzugänglich der Schande. Deswegen wird er geehrt von der ganzen Welt.

(Lao-Tse)

5. Oktober

Ich habe viel von meinen Lehrern gelernt, mehr noch von meinen Gefährten, am meisten von meinen Schülern.

(Talmud)

Wenn ihr einen Weisen seht, denkt an euch, ob ihr dieselben Tugenden besitzt wie er. Wenn ihr einen Wüstling seht, denkt an euch, ob ihr nicht dieselben Fehler besitzt.

(Chinesische Weisheit)

6. Oktober

Wisse, daß wir zu Gott beten und ihm unser Gebet zu Füßen legen, nicht, weil sein Wille der Veränderung unterliegt, sondern weil wir eben dadurch, daß wir ihn um Befriedigung unserer Bedürfnisse bitten, anerkennen, daß er alle Dinge beobachtet, die guten wie die bösen; während wir aber über den Ruhm des Herrn nachsinnen und seine Macht anerkennen, wird unsere Seele geläutert und erhoben.[150]

(Talmud)

7. Oktober

Das Vollkommene ohne jede Beimischung ist das Gesetz des Himmels; die Vervollkommnung, d. h. die Verwendung aller Kräfte auf die Erkenntnis der Gesetze des Himmels ist das Gesetz des Menschen. Wer beständig nach Vervollkommnung strebt, ist ein Weiser, der das Gute vom Bösen zu unterscheiden vermag. Er wählt das Gute und hängt fest daran, um es niemals zu verlieren.

(Confucius)

Wie gering meine Bildung auch sein mag, so kann ich doch den Weg der Vernunft gehen. Das Eine, was ich fürchten muß, ist Eigendünkel. Die höchste Vernunft ist sehr einfach, aber die Menschen lieben nicht den geraden Weg, sondern Umwege.

(Lao-Tse)

8. Oktober

Ein weiser Mann ist bestimmt in seinem Urteil, ohne mit den Leuten in Konflikt zu geraten. Er gehört nicht zum großen Haufen, lebt aber in Frieden mit den Menschen.

(Chinesische Weisheit)

---

[150] *Goethe*: „So wie Weihrauch einer Kohle Leben erfrischet, so erfrischet das Gebet die Hoffnungen des Herzens." Vergl. 4. August und Anmerkung 122.

Wenn mich jemand kränkt, so ist das seine Sache; seine Neigung geht dahin, sein Temperament ist derartig; ich habe mein eigenes Temperament, das mir von der Natur verliehen ist, und werde meiner Natur in meinen Handlungen treu bleiben.

(Marc Aurel)

9. Oktober

Wer Seinen Willen tun will, der wird merken, ob die Lehre von Gott ist, oder ob ich aus mir selbst so rede.

(Johannes-Evangelium VII, 17)

Die ganze Geschichte bestätigt das unbestreitbare Faktum, daß man Gott nicht durch Überlegung, sondern durch Ergebung in seinen Willen begreifen kann, daß nur bei Erfüllung der Gebote Gottes die ewige Ordnung in der Welt zu Tage tritt, und daß wir nur auf diesem Wege seinen Willen auf Erden erkennen können.

Es gibt bestimmte ewige Gesetze für das menschliche Leben, die mit dem menschlichen Verstande vollkommen klar begriffen werden können. Und in dem Maße, wie sie den Menschen offenbar werden und diese ihnen folgen, besitzen die Menschen Leben und Kraft.

(John Ruskin)

10. Oktober

Ein guter Mensch bringt aus seinem guten Vorrat Gutes hervor; der schlechte aber aus seinem schlechten Vorrat Schlechtes.

(Matthäus-Evangelium XII, 35)

Wem gleicht der, dessen Weisheit größer ist als seine Werke? – Einem Baum mit vielen Zweigen, aber wenig Wurzeln: der erste beste Wind reißt ihn samt den Wurzeln aus und wirft ihn um. Aber wem gleicht der, dessen Werke größer sind als seine Weisheit? – Einem Baum mit wenig Zweigen, aber tiefgehenden Wurzeln: da mögen alle Stürme der Welt brausen – sie bringen ihn nicht von der Stelle.

(Talmud)

Gute Menschen versprechen wenig und tun viel; böse versprechen viel und tun gar nichts.

(Talmud)

11. Oktober

Wohin das Schicksal dich auch verschlägt, überall sind dein Wesen, dein Geist bei dir, der Mittelpunkt des Lebens, der Freiheit und Kraft, solange der Geist seinen Daseinsbedingungen treu bleibt. Es gibt keine äußeren Güter oder Herrlichkeiten, um deretwillen es sich verlohnte, seine Einheit mit dem Geiste aufzugeben, seine Zusammengehörigkeit mit ihm zu lösen und die Unversehrtheit seines Inneren durch Zwiespalt mit sich selbst zu verletzen.

Zeig, was du um den Preis solcher Opfer gewinnen kannst!

(Marc Aurel)

12. Oktober

Ein Weiser wurde gefragt, welche Zeit im Leben die wichtigste, welcher Mensch der bedeutendste, und welches Werk das wichtigste sei.

Und der Weise antwortete: „Die wichtigste Zeit ist allein die Gegenwart, weil nur in ihr der Mensch Macht über sich hat.

Der bedeutendste Mensch ist der, mit dem du im gegenwärtigen Augenblick zu tun hast, weil niemand wissen kann, ob er noch mit irgend einem anderen Menschen zu tun haben wird.

Das wichtigste Werk aber ist die Liebe zu eben diesem Menschen; denn nur zur Liebe ist der Mensch geboren."

(L. T.)

13. Oktober

Der Fehler aller Guten unserer Zeit besteht darin, daß sie den Bösen artig die Hand reichen, sie in ihrem Tun unterstützen und oft sogar zusammen mit ihnen wirken; dabei hoffen sie, die Folgen des Bösen abzuwenden, indem sie sich nebenbei bemühen, den verursachten Schaden wieder gutzumachen.

Morgens helfen sie aus Herzensbedürfnis zwei oder drei ins Elend geratenen Familien aus der Not; abends speisen sie mit den Leuten, die die Familien zugrunde gerichtet haben, beneiden sie und schicken sich an, dem Beispiele des reichen Spekulanten zu folgen, der zwei- oder dreitausend Menschen zugrunde gerichtet hat. Auf diese Weise zerstören sie in wenigen Stunden mehr, als sie im Lauf von Jahrzehnten wieder gut machen können, oder bemühen sich im besten Fall, während sie die hungernde Bevölkerung im Rücken der alles verschlingenden Heere kümmerlich nähren, die Zahl dieser Armee und die Schnelligkeit ihrer Bewegungen ständig zu vergrößern.[151]

(John Ruskin)

14. Oktober

Äußerst selten findet man Menschen, die wirklich Böses zu tun wünschen; vielleicht gibt es solche Leute überhaupt nicht. Übeltäter wissen einfach nicht, was sie tun.

Als Kain seinen Bruder Abel erschlug, glaubte er, nichts Böses zu tun. Und unter uns gibt es eine unzählige Menge Kains, die ihre Brüder in Massen töten, aus weit nichtigeren Anlässen als Kain, geradezu ohne jeden Beweggrund, einfach Fleisch und Blut ihrer Brüder benutzend und nicht im geringsten bedenkend, daß sie Böses tun. Die ganze Schwierigkeit besteht darin, den Leuten die Augen zu öffnen. Ihre Empfindung zu rühren, ihr Herz zu treffen, ist nicht schwer; aber es ist schwer, auf ihren Verstand zu wirken. Was liegt aber daran, ihre Empfindungen zu beeinflussen, wenn sie wie früher stumpfsinnig bleiben. Ihr könnt nicht immer bei der Hand sein, um sie auf das hinzuweisen, was gerecht ist; deshalb ist es leicht möglich, daß sie ebenso ungerecht, womöglich noch schlechter handeln als früher. Es heißt oft, die Hölle sei mit guten Vorsätzen ge-

---

[151] „Wer mit einer Hand stiehlt und mit der anderen Almosen gibt, wird dennoch nicht straflos bleiben." (*Talmud*)

pflastert. Das ist nicht richtig. Einen bodenlosen Abgrund kann man nicht pflastern, sondern nur den Weg, der zu ihm führt.[152]

(John Ruskin)

15. Oktober

Wie sehr du dich auch bemühst, es ist sehr schwer, stets nur Gutes zu tun. Wie viel Gutes du auch tust, es bleibt immer noch etwas zu wünschen übrig.

(Confucius)

Immer und immer aufrichtig reden und handeln ist fast ebenso schwer und wohl ebenso tapfer, wie zu handeln, ohne auf Drohungen und Strafen zu achten. Sonderbar, daß auf die ungeheure Menge derer, die die Wahrheit um den Preis ihres Wohlstandes und Lebens nicht aufgeben, so wenige kommen, die sie gegen das unbedeutende Opfer ihrer täglichen Ruhe verteidigen.

(John Ruskin)

16. Oktober

Richtige Gottesfurcht ist frei von Aberglauben; wenn Aberglauben in sie eindringt, geht sie zu Grunde. Christus hat uns gezeigt, worin die wahre Gottesfurcht besteht. Er hat gelehrt, daß von allem, was wir in unsrem Leben vollbringen, eins das Licht und Glück der Menschen ist – das ist unsere Liebe zu einander. Er hat gelehrt, daß wir unser Glück nur dann erreichen können, wenn wir anderen Menschen dienen, aber nicht uns selbst.

(Blaise Pascal)

---

[152] Im Englischen heißt es: *„Hell is paved with good intentions"*, wir sagen dagegen richtig: *Der Weg zur Hölle [ist mit guten Vorsätzen gepflastert]* usw.

17. Oktober

Wenn sie mich verfolgt haben, werden sie euch auch verfolgen; wenn sie mein Wort gehalten haben, werden sie auch das eure halten. Aber alles das werden sie euch zufügen um meines Namens willen, weil sie den nicht kennen, der mich gesandt hat.

(Johannes-Evangelium XVI, 20-21)

Von den Menschen nicht gekannt oder von ihnen nicht verstanden werden und sich nicht darum betrüben, ist Eigenschaft eines wahrhaft tugendhaften Menschen.

(Chinesische Weisheit)

„Möchte die Furcht vor dem Himmel im Menschen ebenso groß sein, wie die Furcht vor den Menschen." Wenn es doch so wäre! Wenn aber jemand ein Verbrechen begeht, denkt er nur: Daß mich nur die Menschen nicht sehen.

(Talmud)

18. Oktober

Die Natur des Menschen ist gerade. Wenn diese natürliche Gradheit im Leben verloren geht, kann man nicht glücklich sein.[153]

(Chinesische Weisheit)

Wenn wir auf einem in der Fahrt begriffenen Schiffe einen Gegenstand betrachten, der auf dem Schiffe sich befindet, so ist unsere Bewegung nicht zu bemerken; wenn wir aber auf einen Gegenstand zur Seite blicken, der sich nicht mit uns bewegt, zum Beispiel auf das Ufer, so bemerken wir sofort unsere Bewegung.

Dasselbe ist im Leben der Fall. Wenn alle Menschen nicht so leben, wie es sich gehört, bleibt es unbemerkt; sowie aber nur einer

---

[153] „Zum geraden Mann, der jedermann anblickt, mit dem Auge ihn gleichsam austrinkend, fühlen sich die Leute hingezogen, spräche er auch kein Wort." (*Mahabharata* 1116)

zur Besinnung kommt und nach Gottes Willen lebt, wird sofort deutlich, wie garstig die übrigen handeln.

(Blaise Pascal)

In Mißachtung all des Guten, was bedeutende Menschen leisteten und leisten, wählt die Welt, was sie nur Schlechtes finden kann, und verdirbt, verdreht und macht auf diese Weise zu nichte und sogar zu schanden alle Kräfte der bedeutendsten Menschen.

(John Ruskin)

19. Oktober

Jedes Wort hat nur die Bedeutung, in der der Hörer es verstehen kann. Die Bedeutung der Ehre kann man einem ehrlosen Menschen, oder die der Liebe einem, dem sie fremd ist, nicht erklären. Bemüht man sich, die Bedeutung dieser Worte solchen Leuten klar zu machen, so kommt man nur dahin, daß einem die entsprechenden Worte für Ehre und Liebe fehlen.

(John Ruskin)

20. Oktober

Hütet euch vor Leuten, die euch von dem Bestreben, Gutes zu tun, mit der Begründung abraten, daß Vollkommenheit eine Utopie sei.

Versäumt nie, Einflüssen nachzugeben, die edle Gefühle in euch erwecken können.

(John Ruskin)

21. Oktober

Ein Heiliger hat keine eigenen Empfindungen. Die Empfindungen des Volkes werden seine Empfindungen. Guten begegnet er mit Güte; mit Güte begegnet er auch den Bösen. Wahren begegnet er mit Wahrheit; mit derselben Wahrheit begegnet er aber auch den Unwahren.

Ein Heiliger, der in der Welt lebt, bekümmert sich um seine Beziehungen zu den Menschen. Er empfindet für alle Menschen, und alle wenden ihm ihre Ohren und Augen zu.

(Lao-Tse)

22. Oktober

Es gibt nur drei Arten von Menschen: Die einen dienen Gott, da sie ihn gefunden haben; diese Leute sind vernünftig und glücklich. Die zweiten haben ihn nicht gefunden und suchen ihn nicht; das sind Toren und unglückliche Leute. Die dritten haben ihn nicht gefunden, suchen ihn aber. Das sind vernünftige, aber noch unglückliche Leute.

(Blaise Pascal)

Wo das Suchen der Wahrheit anfängt, beginnt immer das Leben; sowie nur das Suchen der Wahrheit aufhört, hört auch das Leben auf.

(John Ruskin)

23. Oktober

Es gibt Leute, die weise Lehren nur zu hören brauchen, so fangen sie auch schon an, andere darin zu unterweisen. Sie verfahren genau so, wie ein kranker Magen, der die zu sich genommene Speise sofort wieder ausbricht. Nimm dir solche Leute nicht zum Muster. Erst verdau hübsch, was du gehört hast, und gib es nicht vor der Zeit wieder von dir, sonst kommt ein richtiger „Auswurf" heraus, der niemandem zur Speise dienen kann.

(Epiktet)

Um sittliche Vollkommenheit zu erreichen, muß man sich vor allem um seine seelische Reinheit bekümmern. Seelische Reinheit erreicht man aber nur in dem Falle, wo das Herz die Wahrheit sucht und der Wille nach Heiligkeit strebt. Aber alles das hängt von wahrem Wissen ab.

(Confucius)

24. Oktober

Es gibt drei Triebfedern menschlicher Handlungen: a) Das Gefühl, das aus verschiedenen gemeinsamen Eigenschaften der Menschen mit anderen Wesen entspringt; b) Nachahmung, Überredung, Hypnose und c) Vernunftschlüsse.

Auf eine Million Handlungen, die infolge der ersten beiden Triebkräfte geschehen, kommt kaum eine, die auf Grund von Vernunftschlüssen erfolgt. Dieses Verhältnis trifft ebenso bei jedem einzelnen Menschen zu (d. h. er begeht von einer Million Handlungen eine aus Vernunftgründen) wie bei verschiedenen Menschen.

(Blaise Pascal)

25. Oktober

Gott pflanzt den Glauben in Menschenherzen mit Hilfe des Gewissens und der Vernunft. Mit Drohungen und Gewalt pflanzt man keinen Glauben; man pflanzt mit Drohungen und Gewalt nicht Glauben, sondern Furcht. Die Ungläubigen und Verirrten muß man nicht verurteilen und schelten: sie sind infolge ihrer Verirrung ohnehin unglücklich genug. Man müßte sie nur dann tadeln, wenn es ihnen von Nutzen sein könnte; in Wirklichkeit stößt der Tadel sie aber nur noch mehr ab und richtet auf diese Weise Unheil an.

(Blaise Pascal)

Glaubt nicht, daß Bemühungen, den Glauben anderer Menschen zu erfassen und euch in Gedanken mit den leitenden Grundsätzen ihres Lebens vertraut zu machen, euch jemals schaden können. Nur so könnt ihr sie richtig lieben, bedauern und schätzen.

(John Ruskin)

26. Oktober

Wenn du dich daran gewöhnen willst, ohne Furcht an den Tod zu denken, so versuch das Schicksal derjenigen Leute aufmerksam zu verfolge und zu untersuchen, die mit aller Kraft am Leben hingen.

Ihnen passierte, daß der Tod sie vor der Zeit erreichte. Daneben sind die ältesten Leute, die viele beerdigt haben, schließlich ebenfalls gestorben. Wie kurz ist diese Spanne Zeit, wie viel Kummer und Böses mischt sich hinein, und wie zerbrechlich ist doch das Gefäß des Lebens.

Es lohnt sich wohl, hierüber einen Augenblick zu sprechen. Denke: hinter dir liegt eine Ewigkeit, vor dir ebenfalls eine Ewigkeit. Ob du zwischen diesen beiden Abgründen drei Tage oder drei Jahrhunderte lebst – welchen Unterschied kann das für dich ausmachen?[154]

(Marc Aurel)

27. Oktober

Ein sonderbarer Glaube, daß die Naturwissenschaften der Religion jemals feindlich sein könnten. Wissenschaften sind, wie alles, was nach Ruhm trachtet, nicht allein der Religion, sondern auch der Wahrheit feindlich; die wahre Wissenschaft ist aber der Religion nicht nur nicht feindlich, sondern bahnt in der Not sogar den Weg für Verkünder des Friedens.

(John Ruskin)[155]

Wissen, daß man das weiß, was man weiß, und wissen, daß man das nicht weiß, was man nicht weiß – ist wahres Wissen.[156]

(Chinesische Weisheit)

---

[154] „So oft man geboren wird, so oft stirbt man auch und so oft liegt man auch im Mutterleibe. Da ein solcher offenbarer Nachteil mit dem Leben verbunden ist, so frage ich, wie du, o Mensch, hier Befriedigung zu finden vermagst." (*Indischer Spruch*)

[155] Dagegen *Schopenhauer* (Über Religion): „Die, welche wähnen, daß die Wissenschaften immer weiter fortschreiten und immer mehr sich verbreiten können, ohne daß dies die Religion hindere, immerfort zu bestehen und zu florieren – sind in einem großen Irrtum befangen. Physik und Metaphysik sind die natürlichen Feinde der Religion und daher diese die Feinde jener, welche allezeit strebt, sie zu unterdrücken, wie jene, sie zu unterminieren."

[156] *Goethe*: „Eigentlich weiß man nur, wenn man wenig weiß."

Der wäre besser nicht geboren, der den Schleier dessen zu lüften hofft, was höher und was niedriger als wir; was vor uns war, und was nach uns sein wird.

(Talmud)

28. Oktober

Wie die Grundregel der Weisheit darin besteht, sich selbst zu erkennen, obgleich das am allerschwersten ist, so besteht die Grundregel der Barmherzigkeit darin, mit sich selbst zufrieden zu sein, obgleich auch das ebenso schwer ist. Nur solch zufriedener Friedensbringer scheint gegürtet und gerüstet zur Barmherzigkeit bei anderen.[157]

(John Ruskin)

Wenn vollständig aufgeklärt ist, worin die wahre Sittlichkeit besteht, wird alles Übrige klar.

(Confucius)

29. Oktober

Soviel Wesen ihr entdeckt, die höher sind als ihr, Wesen, auf die ihr mit dem Gefühl der Andacht oder tiefer Verehrung blickt, um soviel werdet ihr edler und glücklicher. Wenn ihr immer unter Engeln leben könntet, wärt ihr glücklicher, als in der Gesellschaft von Menschen. Und umgekehrt, wenn ihr verurteilt wärt, in einem Haufen von Idioten, stummen, mißgestalteten, bösartigen Wesen zu leben, würdet ihr auch im dauernden Bewußtsein eurer Vortrefflichkeit nicht glücklich sein. So hängt alle wirkliche Freude und alle Kraft menschlichen Fortschrittes davon ab, daß die Leute einen würdigen Gegenstand der Verehrung finden; alle Niedrigkeit aber und alles Unheil der Menschheit beginnen mit der Gewohnheit, alles zu verachten.

(John Ruskin)

---

[157] Vergl. 3. März, 20. Juli u. Anmerkung 118.

30. Oktober

Bemerkst du Fehler an dir, geh schleunigst hin und mach selbst Anzeige.

(Talmud)

In der Praxis des Alltagslebens zeigt sich, daß überall, wo verstecktes Wesen ist, Verbrechen oder Gefahr drohen. Es ist undenkbar, daß Dinge geheim bleiben müssen; im Gegenteil, Wert und Sicherheit des Menschenlebens sind direkt abhängig von seiner Öffentlichkeit.

(John Ruskin)

31. Oktober

Sammelt euch nicht Schätze auf Erden, wo sie die Motten und der Rost fressen und Diebe danach graben und stehlen; sammelt euch aber Schätze im Himmel, wo sie weder Motten noch Rost fressen, und wo die Diebe nicht nach graben und stehlen. Denn wo euer Schatz ist, da ist auch euer Herz.

(Matthäus-Evangelium VI, 19-21)

Erwirb dir Reichtum, den Diebe nicht rauben können, und nach dem Gewaltherrscher nicht zu trachten wagen, der dir auch im Tode bleibt, niemals abnimmt und nicht modert.

(Indisches Sprichwort)

1. November

Ein Gebet ist für jeden Redlichen die Aufklärung seiner Beziehungen zum Schöpfer, der ihm jeden Augenblick Gutes tut; die Aufklärung seines Verhältnisses zu den Menschen, seiner Pflichten gegen sie, die Kinder desselben Vaters; die Abrechnung mit sich selbst über alle Werke und die Untersuchung seiner dunklen Vergangenheit, um sich in Zukunft vor den Fehlern und Vergehen zu hüten, die man in der Vergangenheit begangen hat.

(Talmud)

2. November

Wer den Umständen Gewalt antut, dem tun sie ihrerseits Gewalt an; wer ihnen aber nachgibt, dem geben sie auch nach.[158]

Wenn du siehst, daß die Umstände dich nicht begünstigen, so widersetz dich ihnen nicht, sondern laß dem Schicksal seinen natürlichen Lauf; denn wer gegen dasselbe angeht, wird sein Sklave, wer sich aber in sein Schicksal ergibt, sein Herr.

(Talmud)

Im Schicksal gibt es keine Zufälligkeiten; der Mensch bereitet sich sein Schicksal, aber begegnet ihm nicht.

(Wilmen)[159]

3. November

Wissen gleicht einer gangbaren Münze. Der Mensch hat einesteils das Recht, auf ihren Besitz stolz zu sein, wenn er ihr Gold selbst bearbeitet und sie zu prägen versucht, oder die fertig geprägte wenigstens ehrlich erworben hat. Wenn er aber nichts daran getan, sondern sie von irgend einem Vorübergehenden erhalten hat, der sie ihm ins Gesicht warf, welchen Grund hat er dann, stolz darauf zu sein?

(John Ruskin)

4. November

Nur von dem kann man sagen: er ist frei, der so lebt, wie er will. Ein vernünftiger Mann lebe stets so, wie er will, und nichts in der Welt kann ihn daran hindern, weil er nur das Mögliche wünscht. Deswegen ist ein vernünftiger Mensch frei.

---

[158] *Indischer Spruch*: „Ist die glückliche Stunde nicht da, so tragen weder Handwerke, noch Zaubersprüche und Arzneien irgend welche Frucht; gesellt sich aber zu diesen die rechte Zeit, so schlagen sie ein und gedeihen zur glücklichen Stunde."

[159] *Wilmen*: unbekannt.

Niemand wünscht, schuldig zu sein, niemand will in Irrungen leben, niemand sucht sich ein Leben aus, von dem er nur Kummer und Qual hat, niemand wird sagen, er wolle ein liederliches, abscheuliches Leben führen.

Das bedeutet: alle Menschen, die unbillig leben, tun es nicht mit Absicht, sondern gegen ihren Willen. Sie wünschen weder Kummer noch Furcht, leiden aber beständig und fürchten sich. Sie tun, was sie nicht wollen, folglich sind sie nicht frei.

(Epiktet)

5. November

Bevor du zum Gebet gehst, prüfe dich, ob du imstande bist, andächtig deine Gedanken zu sammeln; sonst bete nicht.

(Talmud)

Man darf nicht, beeinflußt von Kummer oder Trägheit, Gelächter, Geschwätz, Leichtsinn und müßigem Gerede zum Gebet gehen, sondern nur unter dem Eindruck gottesfürchtigen Entzückens.

Wenn du nicht in richtiger Gemütsverfassung bist, enthalte dich lieber des Gebets.

(Talmud)

Wem das Beten zur Gewohnheit wird, dessen Gebet ist nicht aufrichtig.[160]

(Talmud)

6. November

Das einzige göttliche Werk, das einzige gebotene Opfer ist Gerechtigkeit; aber wir sind am allerwenigsten geneigt, sie zu erfüllen. Fordert von uns, was ihr wollt, nur keine Gerechtigkeit. „Aber die Gnade", werdet ihr einwenden, „wird doch vor der Gerechtigkeit

---

[160] Andere *Talmudsprüche*: „Gebet ohne Andacht ist ein Leib ohne Seele." – „Wenn jemand betet und dabei mit den Augen zwinkert oder mit dem Finger winkt, von dem heißt es: Nicht mich hast du angerufen."

gepriesen". – Ja, sie ist mehr als Gerechtigkeit, sie ist deren Gipfel, ist der Tempel, dessen Fundament Gerechtigkeit bildet. Aber ihr könnt den Gipfel nicht erreichen, wenn ihr nicht am Grunde anfangt. Ihr könnt euer Werk nicht auf Gnade, sondern nur auf Gerechtigkeit aufbauen, aus dem einfachen Grunde, weil es keine Gnade ohne Gerechtigkeit gibt. Sie ist die höchste Belohnung für ein gutes Werk.

(John Ruskin)

7. November

Gehet ein durch die enge Pforte; denn die Pforte ist weit und der Weg ist breit, der zum Verderben führt, und viele gehen ihn; aber die Pforte ist eng und der Weg ist schmal, der zum Leben führt, und wenige sind, die ihn finden.

(Matthäus-Evangelium VII, 13-14)

Tausend Wege führen zum Irrtum; zur Wahrheit nur einer.

(J. J. Rousseau)

8. November

Wenn dich irgend etwas bekümmert und bedrückt, so bedenke: 1) wie viel Schlimmeres dir geschehen könnte und anderen Leuten geschieht. 2) erinnere dich, wie in früherer Zeit Vorfälle und Geschehnisse dich bekümmerten und dir Qual machten, an die du jetzt ruhig und ganz gleichgültig denkst und 3) hauptsächlich, bedenke, daß das, was dich bekümmert und quält, nur eine Prüfung ist, auf die hin du deinen Glauben zeigen und befestigen kannst.

(Marc Aurel)

9. November

Begreif doch, daß dir etwas Göttliches innewohnt, das über den Leidenschaften, Kleinmut und Eitelkeit steht, die dich zupfen wie ein Jahrmarktspüppchen.

(Marc Aurel)

Nachdenken führt zur Unsterblichkeit, Leichtsinn zum Tode. Die im Nachdenken wachsam sind, sterben niemals, die Leichtsinnigen, Unwissenden sind gleich Toren.

Erweck dich selbst, dann wirst du im Schutze deiner selbst wachsam Acht geben und wirst gleichmäßig glücklich.

(Dhammapada)

10. November

Ihr stoßt den Menschen in eine Grube und sagt dann, er müsse mit dieser Lage, in die ihn die Vorsehung gebracht, zufrieden sein. So ist das Christentum der Gegenwart beschaffen. – Ihr sagt: „Wir haben ihn nicht hineingestoßen." – Allerdings, wir wissen so lange nicht, was wir tun und was wir nicht tun, bis wir uns jeden Morgen die Frage vorlegen, wie wir es anfangen, im Laufe des Tages nicht zu tun, was vorteilhaft, sondern was gerecht ist, und bis wir mindestens so sehr Christen werden, daß wir die Richtigkeit des mohamedanischen Spruches anerkennen: „Eine Stunde Gerechtigkeit ist mehr wert als siebzig Jahre Gebet.[161]

(John Ruskin)

11. November

Niemand weiß, was der Tod ist, und ob er nicht vielleicht die allergrößte Wohltat für den Menschen bedeutet. Dabei fürchten ihn aber alle, als ob sie wüßten, daß er das allergrößte Übel sei.

(Plato)

---

[161] Vergl. 4. Juli.

Dem Verständigen geziemt es weder, den Tod zu wünschen noch ihn zu fürchten.[162]

(Arabisches Sprichwort)

12. November

Wer im Vergänglichen, nämlich in seinem Namen und in seinem Körper, nicht sich selbst erblickt, der kennt die Wahrheit des Lebens.[163]

(Dhammapada)

Worte des Unterrichts haben nur bei dem Bestand, der die Persönlichkeit in sich verneint.

(Talmud)

Herrlicher als die Herrschaft über die Erde, schöner als der Aufgang zum Himmel, herrlicher als die Macht über Welten ist die heilige Freude der ersten Grade der Befreiung.[164]

(Dhammapada)

13. November

Fort mit eurer Heiligkeit und Klugheit und das Volk wird hundertmal glücklicher. Fort mit eurer Herzensgüte und Gerechtigkeit und das Volk kehrt zu seiner Liebe zwischen Eltern und Kindern zurück. Fort mit eurer Schlauheit und euren Berechnungen und es gibt keine

---

[162] Vergl. 26. Oktober.

[163] „Unser ganzes Kunststück besteht darin, daß wir unsere Existenz aufgeben, um zu existieren." (*Goethe*)

[164] *Dhammapada*, Vers 178, lautet nach Th. Schultze: „Mehr als die höchste Würde der Erde, himmlische Freuden und der Besitz des ganzen Weltalls ist schon der erste Schritt auf dem Pfade der Heiligkeit wert." Den Weg zur Erlösung führt der „Edle achtfache Pfad" in vier Stufen. 1. Das „Eintreten in den Strom", die Bekehrung. 2. Der Pfad derer, welche nur noch einmal in diese Welt zurückkehren werden. 3. Der Pfad derer, welche niemals wieder zu dieser Welt zurückkehren werden. 4. Der Pfad der Arahats, welche durch Einsicht zur Freiheit gelangt sind. Vergl. Anmerkung 32.

Diebe und Räuber mehr. Diese drei Dinge kann man nicht mit Äußerlichkeiten erreichen. Dazu muß man anspruchsloser, freier von Leidenschaften sein und weniger überlegend.

(Lao-Tse)

14. November

Solange ihr das Licht habt, glaubt an das Licht, damit ihr Söhne des Lichtes werdet.

(Johannes-Evangelium XII, 36)

Die Wahrheit ist immer Wahrheit, und das Böse immer böse. Nur ein Tor sagt, indem er Böses tut, das geschähe, um jemandem zu nützen. Die hauptsächlichste und spezielle Methode, die Existenz Gottes zu leugnen, besteht darin, die Richtigkeit der öffentlichen Meinung stets unbedingt anzuerkennen und der Meinung Gottes keine Bedeutung beizumessen.

(John Ruskin)

15. November

Wie jemanden, der nach langer Abwesenheit glücklich nach Hause zurückkehrt, seine Verwandten, Freunde und Bekannten fröhlich bewillkommnen, so begrüßen gute Werke, die hier und da getan sind, den Sterbenden, wie Freunde ihren guten Freund.[165]

(Dhammapada)

Handle den Tag über so, daß nachts dein Schlaf ruhig ist, und in der Jugend so, daß dein Alter ruhig ist.[166]

(Indisches Sprichwort)

---

[165] „Bis zur Leichenstätte nur gehen Verwandte und Freunde mit dir; dann kehren sie um, und du mußt nun ganz allein weiter gehen: tue also gute Werke (damit du nicht ohne Geleite seiest)." (*Indischer Spruch*)

[166] „Schon am Tage sorge man dafür, daß man in der Nacht behaglich schläft; in den (vorangehenden) acht Monaten sorge man dafür, daß man in der Regenzeit behaglich lebt." (*Mahabharata* 1248)

16. November

Nur mit den Augen anderer kann man seine Fehler sehen.[167]
(Chinesische Weisheit)

Jeder Mensch hat am anderen einen Spiegel, in welchem er seine eigenen Laster, Fehler, Unarten und Widerlichkeiten jeder Art deutlich erblickt. Allein: meistens verhält er sich dabei wie der Hund, welcher gegen den Spiegel bellt, weil er nicht weiß, daß er sich selbst sieht, sondern meint, es sei ein anderer Hund.[168]
(Schopenhauer)

17. November

Dreißig Speichen vereinigen sich in einer Radnabe, und von dem, was nicht ist, von dem leeren Raum in der Nabe, hängt der Nutzen des Rades ab.[169]

Aus Ton wird ein Gefäß bereitet, und von dem, was nicht ist, von dem leeren Raum des Gefäßes, hängt sein Nutzen ab.

Man bricht Türen und Fenster in einem Hause durch, und von dem, was nicht ist, hängt der Nutzen des Hauses ab.

Wenn also die Dinge nützlich sind, so macht nur das, was nicht ist, sie nützlich.
(Lao-Tse)

18. November

Äußere Hindernisse tun jemandem, der stark im Geiste ist, keinen Schaden, denn Schaden ist das, was entstellt und schwächt – wie bei

---

[167] *Schiller*: „Willst du dich selber erkennen, so sieh, wie die andern es treiben."
[168] Die Stelle steht in den *„Paränesen und Maximen"* [Arthur Schopenhauer]. *Indischer Spruch*: „Selbst Männer mit Vorzügen lernen ihr eigenes Wesen erst durch andere kennen, wie ja auch die Augen ihre eigene Größe erst im Spiegel sehen."
[169] Ein ähnliches Bild: „Durch die Speichen wird die Nabe getragen, und die Speichen haben wieder ihren Halt in der Nabe: das Rad von Herr und Diener rollt, wenn es ebenso beschaffen ist." (*Indischer Spruch*)

Tieren geschieht, die durch Hindernisse zornig werden. Wer einem Hindernis aber mit der geistigen Kraft entgegentritt, die ihm verliehen ist, der gewinnt durch das Hindernis an sittlicher Kraft und Schönheit.

(Marc Aurel)

Wer niemals vom Glück oder Unglück versucht ist, stirbt wie ein Soldat, der nie mit dem Feinde zusammengetroffen ist.

(Klinger)[170]

19. November

Das Glück eines Menschen hängt mehr von seiner Fähigkeit ab, sich an den Gaben und Talenten anderer zu erfreuen, als vom Vertrauen auf seine eigenen. Andächtiges Entzücken ist die höchste Gabe des Menschen, und alle niederen Lebewesen sind nur in dem Maße glücklich und edel, wie sie dieses Gefühl teilen könne. Der Hund schätzt uns, aber die Fliege nicht, und diese Fähigkeit, ein höheres Wesen, wenn auch nur teilweise, begreifen zu können, adelt den Hund.

(John Ruskin)

20. November

Beachte wohl, daß Unwissenheit niemals schadet und verderblich nur der Irrtum ist. Die Menschen irren aber nicht, weil sie etwas nicht wissen, sondern weil sie sich für wissend halten.

(J. J. Rousseau)[171]

Ohne aus der Tür zu gehen, ohne aus dem Fenster zu sehen, weiß der Weise, der die himmlische Vernunft erkennt, was geschieht. Je weiter du gehst, um so weniger weißt du. Deswegen ist ein Heiliger

---

[170] Der „Stürmer und Dränger" F. M. *Klinger* (1751 bis 1831), der in russischen Kriegsdiensten stand und auch in Petersburg gestorben ist.
[171] *Jean Jaques Rousseau* (1712-1778).

wissend, ohne zu reisen, erklärt die Dinge, ohne sie zu sehen, und vollbringt Großes, ohne zu arbeiten.

(Lao-Tse)

21. November

Und wenn du betest, benimm dich nicht wie die Heuchler, die es lieben, in den Synagogen und an den Straßenecken zu beten, um sich vor den Leuten zu zeigen. Wahrlich ich sage euch, sie haben ihren Lohn schon dahin. Du aber geh, wenn du beten willst, in deine Kammer, schließ die Tür zu und bete zu deinem himmlischen Vater, der im Verborgenen ist; und dein Vater, der das Verborgene sieht, wird es dir vergelten öffentlich.

(Matthäus-Evangelium VI, 5-6)

Beten ist Dienen im Geiste, das dem Geiste Gottes angenehm ist.

(Talmud)

Am besten betet man zu Hause, weil es unter Menschen unmöglich ist, Neid, Geschwätz und Verleumdung zu vermeiden, was Bestrafung nach sich zieht. Namentlich an Festtagen, wo man sich zur Unterhaltung versammelt, betet man lieber gar nicht.

(Talmud)

22. November

Die dem Gebet voraufgehenden Handlungen eines Betenden müssen dem Sinn und Ziel des Gebets entsprechen; wenn aber dem Gebet keine guten Taten, oder gar schlechte voraufgegangen sind, muß der Betende vorher seine Sünden bereuen und sich von ihnen reinigen, da es eine große Frechheit ist, in schmutzigem Gewande vor Gott als Bittender hinzutreten.

Genau so ist es, wenn jemand zu Gott mit einem Munde betet, der gewohnt ist, Gemeinheiten, Verleumdungen, Flüche usw. auszusprechen; dann steckt diese Gabe Gottes in einem schmutzigen Behälter. Deswegen muß man Zunge und Lippen säubern, und wenn man mit ihnen gesündigt hat, muß man sich bemühen, vollständig zu bereuen.

(Talmud)

23. November

Jeder neue Wunsch ist der Anfang neuer Not, der Keim neuen Leidens.[172]

(Votaire)

Ein Sklave seiner Leidenschaften ist der allerniedrigste Sklave.[173]

(Talmud)

24. November

Als die Welt zu bestehen anfing, wurde die Vernunft ihre Mutter. Wer seine Mutter kennt, weiß, daß er ihr Kind ist, und in diesem Bewußtsein befindet er sich außer aller Gefahr. Wenn er die Lippen zumacht und das Tor seiner Sine am Lebensende schließt, spürt er keinerlei Unruhe.

(Lao-Tse)

„Und der Geist kehrt zu Gott zurück, der ihn gegeben hat" (Jes. Sirach).

Gib ihm die Seele so zurück, wie er sie dir gegeben hat. Er gab sie dir rein; gib sie ihm rein zurück.[174]

(Talmud)

Ein Weiser wurde gefragt: „Wie muß man den unsichtbaren Geistern dienen?" Der Weise sprach: „Wenn du noch nicht imstande bist, den Menschen zu dienen, wie kannst du den unsichtbaren Geistern dienen?"

---

[172] Vergl. 29. August u. Anmerkung 133.
[173] Also aus dem *Talmud* stammt der Ausdruck „Sklave seiner Leidenschaften."
[174] „Der ist der glücklichste Mensch, der das Ende seines Lebens mit dem Anfang in Verbindung setzen kann." (*Goethe*)

Man fragte ihn weiter: „Was ist der Tod?" Er sprach: „Wenn wir noch nicht wissen, was das Leben ist, können wir wissen, was der Tod ist?"

(Chinesische Weisheit)

25. November

Säet ein Betragen und ihr werdet eine Gewohnheit ernten; säet eine Gewohnheit und ihr werdet einen Charakter ernten; säet einen Charakter und ihr werdet ein Schicksal ernten.[175]

(Thackeray)[176]

Um Heiligkeit zu erreichen, ist nichts wichtiger als Enthaltsamkeit. Die Enthaltsamkeit muß eine frühe Angewohnheit sein. Wenn sie eine frühe Angewohnheit ist, erwirbt sie viele Tugenden. Für den, der viele Tugenden erworben hat, gibt es nichts Unüberwindbares.

(Lao-Tse)

Wer jung ein Knecht seiner Sinne war,
   Den frißt das Alter mit Haut und Haar.
   Der Anfang der bösen Lust ist süß, das Ende bitter.

(Talmud)

26. November

Wer sich vor dem fürchtet, was nicht furchtbar ist, und sich vor dem Furchtbaren nicht fürchtet, ist auf dem Irrwege und gerät ins Verderben.

(Dhammapada)

Wer andere Menschen kennt, ist verständig, wer sich selbst kennt, aufgeklärt.

---

[175] „Wer Wind säet, wird Sturm ernten" stammt von *Hosea* 8, 7: „Denn sie säen Wind und werden Ungewitter einernten." (Siehe auch *Psalm* 126, 5.)
[176] *Wiliam M. Thackeray*, englischer Romanschriftsteller (1811-1863).

Wer andere überwindet, ist stark, wer sich selbst überwindet, mächtig.

Wer aber sterbend erkennt, daß er nicht zu Grunde geht, der ist ewig.

(Lao-Tse)

27. November

In völliger Übereinstimmung mit der Größe der existierenden Objekte befindet sich die Unbedingtheit, mit welcher sie den für sie geltenden Gesetzen gehorchen. Dem Gesetz der Schwerkraft gehorchen Staubteilchen weniger ruhig und deutlich als Sonne und Mond.[177] Der Ozean steigt und fällt infolge einer Einwirkung, der Flüsse und Seen nicht unterliegen. (Ebbe und Flut.)

(John Ruskin)

28. November

Ihr habt gehört, daß gesagt ist: Du sollst deinen Nächsten lieben und deinen Feind hassen (3. Mos. 19, 17-18). Ich aber sage euch: Liebet eure Feinde, segnet, die euch fluchen, tut wohl denen, die euch hassen, bittet für die, so euch beleidigen und verfolgen; auf daß ihr Kinder seid eures Vaters im Himmel. Denn er lässet seine Sonne aufgehen über die Bösen und über die Guten, und läßt regnen über Gerechte und Ungerechte.

(Matthäus-Evangelium V, 43-44)

Der paßt am besten in seine Zeit, der alle Mitmenschen liebt und ihnen Gutes tut, ohne Unterschied, ob sie gut oder böse sind.

(Mohammed)[178]

---

[177] Alle Körper fallen gleich schnell.
[178] Der Stifter der *Mohammedanischen Religion* † 632.

29. November

Himmel und Erde sind groß, aber sie haben Farbe, Gestalt und Ausdehnung. Im Menschen ist aber etwas, was weder Farbe, noch Gestalt, noch Zahl, noch Ausdehnung hat, – und dieses Ewas ist vernünftig.

Folglich, wenn die Welt an und für sich unbelebt wäre, würde sie durch die Vernunft des Menschen allein belebt sein. Aber die Welt ist unendlich; die Vernunft des Menschen dagegen ist begrenzt, und deswegen kann sie nicht die Vernunft der ganzen Welt sein.

Daraus wird klar, daß die Welt durch Vernunft belebt sein und daß diese Vernunft unendlich sein muß.

(Confucius)

30. November

Die Blumenblätter fallen ab, wenn die Frucht zu wachsen beginnt. Ebenso fallen deine Schwächen von dir ab, wenn die Erkenntnis Gottes in dir zu wachsen beginnt.

[Ramakrischna]

Wenn auch Jahrtausende in einem Raum Finsternis geherrscht hat, wird er doch sofort hell, wenn Licht in ihn eindringt. So ist auch deine Seele: mag sie noch so lange von Finsternis verschlungen sein, sie wird sofort ganz hell, wenn Gott in ihr sein Auge öffnet.

(Ramakrischna)

1. Dezember

Wenn Greise (Leute, die durch Erfahrung klug geworden sind) dir sagen: „Reiß nieder", die Jugend aber: „Bau auf", so reiß nieder und bau nicht auf, denn das Niederreißen der Alten ist Aufbauen, das Aufbauen der Jungen aber Niederreißen.

(Talmud)

Verehre einen Greis auch dann, wenn er infolge Altersschwäche sein Wissen verloren hat.

(Talmud)

Auch die zerbrochenen Gesetzestafeln lagen in der Bundeslade zusammen mit den heilen.

(Talmud)

2. Dezember

Es ist traurig zu sehen, wie die Menschen sich mehr darum bemühen, in der Lage, in der sie sich ganz gegen ihren Willen befinden, ihr Leben hinzubringen, als sich auf Grund der Weisungen der Vernunft und des Gewissens eine geeignete Beschäftigung zu wählen. Frühzeitig wird dem Menschen beigebracht, daß die auf seinen Teil entfallende Tätigkeit eine nützliche sei, und er denkt gar nicht daran zu untersuchen, ob seine Beschäftigung wirklich gut ist oder nicht; er ist nur darauf aus, sie möglichst erfolgreich auszuüben. Wenn er sich aber entschließen könnte, das Wesen seiner Tätigkeit einmal einer genauen Prüfung zu unterziehen, würde er diese vielleicht ganz ändern.

(Blaise Pascal)

3. Dezember

Wer seinen Verstand mit Vorliebe zur Ermittelung des Pflichtgesetzes verwendet, ist der Erkenntnis der Sittlichkeit nahe.

Wer sich bemüht, seine Pflicht zu tun, ist der Menschenliebe, d. h. dem Wunsche, daß es allen wohl gehen möge, nahe.

Wer wegen seiner Schwäche bei der Pflichterfüllung errötet, ist der seelischen Kraft nahe, die zu Pflichterfüllung nötig ist.

(Chinesische Weisheit)

Immer noch müssen das wahre Heil und richtiger Weltruf mit Kummer und Tränen erkauft werden. Und jeder aufrichtige Mensch muß sich immer die Frage vorlegen, hat er einen derartigen Glauben, besitzt er etwas Derartiges, für das er gern sein Leben hingäbe?

(John Ruskin)

4. Dezember

Ob du getan hast, was du tun mußtest, ist deswegen von ungeheurer Wichtigkeit, weil der einzige Sinn deines Lebens darin besteht, daß du in der kurzen Lebensfrist, die dir gegeben ist, den Willen dessen tust, der dich ins Leben gesandt hat.

Tust du das wirklich?

Der Mensch bedenkt seinen Weg, aber Gott lenkt seine Schritte.[179]

(Talmud)

5. Dezember

Richtet nicht, damit ihr nicht gerichtet werdet. Denn mit dem Gericht, mit dem ihr richtet, werdet ihr gerichtet werden; und mit dem Maße, mit dem ihr messet, wird euch gemessen werden.

Was siehst du den Splitter in deines Bruders Auge, bemerkst aber nicht den Balken in deinem Auge? Oder wie kannst du zu deinem Bruder sagen: laß mich den Splitter aus deinem Auge ziehen; während in deinem Auge ein Balken steckt? Heuchler! Zieh erst den Balken aus deinem Auge und dann sieh, wie du den Splitter aus deines Bruders Auge ziehst.

(Matthäus-Evangelium VII, 1-5)

Wenn du siehst, daß jemand fehlt, zürne ihm nicht: sieh ein, daß man nicht mit Absicht fehlt. Niemand kann wollen, daß sein gesunder Verstand getrübt wird. Jemand, der irrt (fehlt), ist einer, der in gutem Glauben Lüge für Wahrheit nimmt.

Aber es kommt auch vor, daß Leute nicht irren, sondern mit Vorsatz die Wahrheit nicht annehmen, selbst wenn sie ihnen in aller

---

[179] *Sprüche Salomons* 16, 9.

Deutlichkeit gezeigt ist. Sie weisen sie nicht deswegen zurück, weil sie sie nicht begreifen können, sondern weil sie durch die Wahrheit überführt werden, weil ihnen die Rechtfertigung ihrer Laster unmöglich gemacht wird. Auch diese Leute verdienen nicht Zorn, sondern Mitleid, da so zu sagen ihr Gewissen krank ist.

(Epiktet)

6. Dezember

Der Kampf mit sich selbst und die Gewalt, die man sich antut, müssen wohl die Folgen unserer früheren Sünden sein – aber diese Gewalt ist eine gütliche, rechtmäßige.

Eine Mutter entreißt ihr Kind dem Rachen eines wilden Tieres. Dem Kinde tut das weh, aber es darf natürlich seine Schmerzen nicht der Mutter zuschreiben, die es rettet, sondern dem wilden Tier, das es festzuhalten sucht.

Ebenso muß auch der Mensch im Kampf der Frömmigkeit mit der Gottlosigkeit sich verhalten. Die Frömmigkeit als Mutter entreißt unsere Seele der Gottlosigkeit, und wenn auch dieser Kampf für uns quälend ist, ist er doch unbedingt notwendig und bringt uns Rettung. Es wäre schlimm für uns, wenn Gott uns ohne jeden Kampf ließe. Ohne Kampf kann keine Frömmigkeit in uns entstehen.

(Blaise Pascal)

7. Dezember

Die Auserwählten kennen, ist gut, aber mit ihnen leben, ist das wahre Glück. Glücklich, wer nicht mit Dummen zu leben braucht.

(Dhammapada)

Je verständiger und besser ein Mensch ist, um so mehr bemerkt er das Gute an den Menschen.[180]

(Blaise Pascal)

---

[180] „Es gibt Menschen, die auf die Mängel ihrer Freunde sinnen: dabei kommt nichts heraus. Ich habe immer auf die Verdienste meiner Widersacher acht gehabt und davon Vorteil gezogen." (*Goethe*)

8. Dezember

Ich glaube, daß die edelsten Formen unserer Phantasie nicht gelenkt werden können und zum Teil unsere Eigenschaften beeinflussen: so daß also Eingebungen nicht auf Wunsch erscheinen und sich nicht dem unterordnen, den sie überkommen, sondern ihn vielmehr sich unterwerfen und bewirken, daß jemand, gleich einem Propheten, nicht mehr Herr seiner Worte und Gedanken ist. Wenn aber jemand richtig erzogen und sein Verstand ruhig, standhaft und stark ist, erscheint eine Eingebung bei ihm sichtbar wie in einem tadellosen Spiegel. Wenn dagegen sein Verstand unregelmäßig entwickelt und unfertig ist, erscheint die Eingebung wie in einem zerbrochenen Spiegel mit sonderbaren Entstellungen und Häßlichkeiten, und alle Leidenschaften bedecken ihn durch ihren Hauch mit verzerrten Runzeln, so daß kaum ein regelmäßiger Zug übrig bleibt.

(John Ruskin)

9. Dezember

Der Mensch sündigt nicht, solange der Geist des Leichtsinns ihn nicht bezwungen hat.

(Talmud)

Die Gewohnheit, in allem nur die lächerliche Seite herauszufinden, ist das sicherste Merkmal eines seichten Verstandes, denn das Lächerliche liegt stets an der Oberfläche.

(Aristoteles)[181]

Möge der Mensch nicht leichtsinnig über das Böse denken, indem er in seinem Herzen spricht: das berührt mich ja nicht. Durch wenige Tropfen wird ein Gefäß voll; ganz voll von Bösem ist der Tor, der in kleinen Abschnitten Böses tut.

Möge der Mensch nicht nachlässig über das Gute denken, indem er in seinem Herzen spricht: es kommt mir ja nicht näher. Tropfen

---

[181] *Aristoteles*, der griechische Philosoph, lebte von 385 bis 322 v. Chr. Er ist bekannt als Erzieher *Alexanders* [„]d. Gr.[“].

auf Tropfen füllt das Gefäß – der Weise, der auch in kleinen Dingen Gutes tut, wird ganz von Gutem erfüllt.[182]

(Dhammapada)

10. Dezember

Alles im Bereich des Himmels, außer unserem Wunsche, dient Gott oder sich selbst.

Wir können die Vögel nicht hindern, über unserem Haupte zu fliegen, aber wir haben die Macht, sie nicht auf ihm nisten zu lassen. Genau so können wir schlimmen Gedanken nicht wehren, in unserem Kopfe aufzutauchen; aber es steht in unserer Macht, sie dort nicht Nester bauen zu lassen, um böse Taten auszubrüten.

(Luther)[183]

11. Dezember

Der Weg zur Besserung ist allerdings schwierig, aber er ist es nicht an und für sich, sondern weil wir so lange den Lastern frönten, die uns den Weg zur Besserung erschwerten. Wir leiden unter diesem Kampfe in dem Maße, wie unsere Laster in uns haben Wurzeln fassen können. Wir können nicht glauben, daß Gott an der Notwendigkeit dieses Kampfes schuld ist, weil, wenn wir keine Laster hätten, auch kein Kampf stattfände. Das heißt: die Ursache des Kampfes liegt in unserer eigenen Ruchlosigkeit. Dabei beruht auf diesem Kampf unser Heil, und wenn Gott uns von ihm befreite, würden wir Unglücklichen unsere Laster behalten.

(Blaise Pascal)

---

[182] Etwas abweichend lauten die Verse bei Th. *Schultze:* „Niemand mit Leichtsinn über das Böse denke im Herzen: ‚nahe wird das mir wohl nicht kommen‘, tropfendes Wasser füllt den Krug auch. Ebenso wird voll von dem Bösen, wenn auch bei kleinem nur er es sammelt, endlich der Tor." – Diese Abweichungen sind sehr erklärlich. *Schultzes* metrische Übersetzung geht auf Max Müllers Text zurück. *Tolstois* wahrscheinlich auf einen anderen. Sodann können bei der Übersetzung durch mehrere Sprachen, darunter sehr schwierige, leicht kleine Abweichungen entstehen.
[183] Auch der deutsche Reformator ist vertreten!

12. Dezember

Und er sagte ihnen ein Gleichnis: ein reicher Mann hatte eine gute Ernte auf dem Felde: und er überlegte bei sich: was soll ich tun? Ich habe keinen Raum, um so viel Erfolg unterzubringen. Und er sagte sich: so will ich es machen: ich reiße meine Scheunen nieder und baue größere, und bringe dann all mein Getreide und all mein Gut unter. Dann werde ich zu meiner Seele sagen: Seele! Du hast reichen Vorrat liegen auf viele Jahre: ruh dich aus, iß, trink, laß dirs wohl sein. Aber Gott sprach zu ihm: Du Tor! Heute Nacht fordert man dein Leben von dir; wem wird dann gehören, was du zusammengebracht hast?

(Lukas-Evangelium XII, 16-20)

„Das sind *meine* Söhne, das sind *meine* Reichtümer" – sind Gedanken eines Toren. Wie können dem Söhne und Reichtümer gehören, der sich nicht selbst gehört.

(Dhammapada)

13. Dezember

Ein Weiser wurde gefragt: Wie muß man es anfangen, seine Tugenden zu vermehren, sich von seinen Unvollkommenheiten zu befreien und seine geistigen Fehler kennen zu lernen?

Der Weise sprach: „Das ist eine schöne Frage. Um seine Tugenden zu vermehren, muß man über alles seine Pflicht stellen, das zu tun, was man tun muß, und nicht an den Nutzen denken, der daraus entspringt. Um sich von seinen Unvollkommenheiten zu befreien, muß man nicht an die Befreiung der anderen von ihren Mängeln denken. Um seine geistigen Fehler kennen zu lernen, muß man bescheiden sein und nicht an sich glauben."

(Chinesische Weisheit)

14. Dezember

„Die Zeit vergeht", sagt ihr gewöhnlich in ganz falscher Auffassung. Die Zeit besteht, aber ihr vergeht.

(Talmud)

Die Zeit ist hinter uns, die Zeit ist vor uns, aber bei uns ist sie nicht.
(Sprichwort)

15. Dezember

In jedem Irrtum steckt ein Kern von Wahrheit, ebenso ist auch in jeder Wahrheit ein Körnchen Irrtum.

(Rückert)[184]

Das Beste im Menschen kann nur vereint mit großen Mängeln erscheinen.[185]

(John Ruskin)

16. Dezember

Sucht kein Vergnügen, aber seid stets bereit, an allem Vergnügen zu finden. Wenn eure Hände beschäftigt sind, das Herz aber frei ist, so macht euch das nichtigste Ding in seiner Art Vergnügen, und ihr findet ein Quentchen Witz in allem, was ihr hört. Macht ihr aber das Vergnügen zu eurem Lebenszweck, so kommt der Tag, wo die allerkomischsten Szenen euch kein herzhaftes Lachen mehr entlocken.

(John Ruskin)

---

[184] *Friedrich Rückert*, der Dichter (1788-1866) hat u. a. auch Teile des *Mahabharata* meisterhaft übertragen.
[185] *Goethe* sagt von sich: „Meine Dichterglut war sehr gering. / „Solang' ich dem Guten entgegenging: / „Dagegen brannte sie lichterloh, / „Wenn ich vor drohendem Übel floh."

17. Dezember

Enthalte dich des Streites – du überzeugst doch niemanden. Meinungen sind wie Nägel: je mehr man darauf losschlägt, um so tiefer dringen sie ein.[186]

(Juvenal)

Die Erfahrung lehrt uns allzu häufig, daß die Menschen nichts so wenig in der Gewalt haben, wie ihre Zunge.

(Spinoza)[187]

18. Dezember

Was noch ruhig ist, kann in Ruhe gehalten werden. Was noch nicht erschienen ist, kann leicht verhütet werden. Was noch schwach ist, kann leicht zerbrochen werden. Was noch klein ist, kann leicht zerstört werden.

Kümmert euch um die Dinge, ehe sie existieren; bringt eine Sache in Ordnung, ehe die Unordnung beginnt.

Ein dicker Baum war zuerst ein dünnes Reis. Ein neunstöckiger Turm war zuerst ein Haufen Ziegelsteine. Eine Reise von tausend Meilen beginnt mit einem Schritt. Gebt am Ende wie am Anfang acht, und ihr bringt euer Unternehmen zustande.

(Lao-Tse)

19. Dezember

Wahrlich, wahrlich, ich sage euch, wenn das Weizenkorn, das in die Erde fällt, nicht stirbt, so bleibt es ein Korn; wenn es aber stirbt, so trägt es reiche Frucht.[188]

(Johannes-Evangelium XII, 24)

---

186 Und um so heißer werden die Köpfe! – *Juvenal*, römischer Dichter und Satiriker im 1. Jahrhundert n. Chr.
187 Der berühmte Philosoph jüdischer Herkunft, der aus der Gemeinde ausgestoßen wurde. [*1632] † 1677.
188 Vergl. 30. September u. Anmerkung 149.

Der Zweck des Lebens ist die Durchdringung all seiner Erscheinungen mit Liebe, ist eine langsame, allmähliche Verwandlung des Bösen in ein Gutes, ist das Schaffen wahren Lebens und (weil wahres Leben nur Leben in Liebe ist) die Geburt wahren d. h. eines Lebens in Liebe.

(L. T.)

20. Dezember

Ein tiefstehendes Volk schlägt seine weisen Männer ans Kreuz, oder vergiftet sie und läßt die Verrückten frei umherlaufen und auf der Straße umkommen.

Ein weises Volk gehorcht den ersteren, hält die zweiten in Gewahrsam und liebt alle.

(John Ruskin)

Wo Hochgelehrte herrschen, bemerken die Untertanen deren Existenz gar nicht. Wo mittelmäßige Gelehrte herrschen, hängt das Volk an ihnen und lobt sie. Wo Mindergelehrte herrschen, fürchtet das Volk sie; wo aber ganz Ungelehrte herrschen, da verachtet das Volk sie.[189]

(Lao-Tse)

21. Dezember

Denkt stets an die große und unabänderliche Wahrheit – die zugleich die Grundlage aller Nationalökonomie bildet – daß das, was ihr besitzt, kein anderer besitzen kann, und daß jedes Atom irgend eines Stoffes, den ihr benutzt oder verbraucht, ein Teilchen menschlichen Lebens darstellt. Wenn euer Leben der Erhaltung oder Rettung des gegenwärtigen, oder der Entwicklung und dem Hervorbringen eines größeren Lebens dient, so ist es gut benutzt; im entgegengesetzten Falle hemmt es entweder die Entwicklung des Lebens oder richtet es zugrunde.

(John Ruskin)

---

[189] Ähnlich *Lao-Tse*, 6. Mai.

22. Dezember

Bleib einfach, gut, rein, wahrhaft gottesfürchtig, gerecht, tapfer, barmherzig und deinen Pflichten getreu. Bemüh dich, in allen Dingen in Übereinstimmung mit den Vorschriften der Vernunft und des Gewissens zu handeln, bekümmere dich um das Wohl eines jeden. Das Leben ist kurz. Versäume nicht seine wertvollste Frucht – gute Werke zum Wohl der Menschen.

(Marc Aurel)

23. Dezember

Meine Kinder! Wenn euch jemand mit einem Worte eine Kränkung zufügt, so messt dem nicht allzu viel Bedeutung bei, sondern seht es an als eine Kleinigkeit. Wenn aber euch ein kränkendes Wort über einen anderen entschlüpft, so macht eurem Gewissen keine Konzession, indem ihr sprecht: „Was haben wir denn Großes gesagt! Es ist ja eine Kleinigkeit! Wie kann man der Bedeutung beilegen!" – Nein, urteilt nicht so, sondern seht den Vorfall als ein Ereignis von großer Wichtigkeit an, bis es euch durch eigene Bitten oder Vermittlung von Freunden gelingt, den Beleidigten zum Verzeihen und zur vollständigen Aussöhnung geneigt zu machen.[190]

(Talmud)

24. Dezember

Der Weg zu gutem Wissen führt niemals über seidenweiches Wiesengras, das mit Lilien besät ist; stets muß der Mensch kahle Felsen hinanklimmen.

(John Ruskin)

Leicht vollendet werden schlimme Taten; – Taten, die uns selbst Unglück bringen. Was aber segensreich und gut für uns ist, wird nur mit Mühe und Unlust getan.

(Dhammapada)

---

[190] Vergl. 12. Januar.

Denkt immer daran, daß „*mors*" Tod und Aufenthalt, „*vita*" aber Leben und Wachstum bedeutet, und bemüht euch daher stets, nicht zu töten, sondern zu beleben.

(John Ruskin)

25. Dezember

Sich so sehr in der Macht haben, daß man andere wie sich selbst verehrt und mit ihnen so verfährt, wie man wünscht, daß mit einem selbst verfahren werde – das kann man die Lehre von der Menschenliebe nennen. Darüber hinaus gibt es nichts.

(Confucius)

Die Menschen sind tausendmal mehr bemüht, sich Reichtümer, als Verstandes- und Herzensbildung zu erwerben; während doch für unser Glück das, was man *ist*, unzweifelhaft wichtiger ist, als was man *hat*.[191]

(Schopenhauer)

26. Dezember

Jesus aber sprach zu ihm: Keiner, der die Hand an den Pflug legt und rückwärts blickt, ist brauchbar für das Reich Gottes.

(Lukas-Evangelium IX, 62)

Die wahre Tugend blickt niemals hinter sich auf ihren Schatten, den Ruhm.

(Goethe)

---

[191] Die Stelle steht in den „Aphorismen zur Lebensweisheit". – *Schiller*: „Gemeine Naturen zahlen mit dem, was sie *tun*, edle mit dem, was sie *sind*."

27. Dezember

„Die Wurzel des Bösen ist Unkenntnis der Wahrheit" sagte Buddha.

Aus dieser Wurzel entspringt aber der Baum des Irrtums mit seinen Tausenden von Leidensfrüchten.

Gegen Unwissenheit gibt es nur ein Mittel: Wissen. Wahres Wissen kann man aber nur durch eigene Vollkommenheit erreichen. Folglich ist auch eine Besserung des Gemeinbösen nur dadurch zu erlangen, daß die Menschen sich eine höhere Weltanschauung aneignen und selbst dadurch besser werden, daß sie ihrer Weltanschauung gemäß handeln.

Deshalb sind alle Bemühungen, das Gemeinleben zu verbessern, solange vergeblich, bis die Menschen nicht selbst besser werden; die Besserung jedes Einzelnen ist das sicherste Mittel der Besserung des Gemeinlebens.

(Franz Hartmann)[192]

28. Dezember

Wie klein und nichtig eine Tat auch ist, so kann sie doch um eines hohen Zieles willen geschehen sein, dem große Taten, noch dazu mit Gewalt, nicht förderlich wären. Das bezieht sich besonders auf das höchste aller Ziele: die Gottgefälligkeit.

(John Ruskin)

29. Dezember

Ich nenne Geist oder Macht im Menschen dasjenige Prinzip, das ein in sich selbständiges Leben führt und den Menschen zum Erkenntnisleben anregt.

(Marc Aurel)

Hast du die Zerstörbarkeit des Erschaffenen begriffen, so siehst du das Ewige unveränderlich.

(Dhammapada)

---

[192] Dr. *Franz Hartmann* [1838-1912], bekannter deutscher Theosoph.

Wie Gott alles sieht, aber unsichtbar ist, so ist auch die Seele ein unsichtbares, aber allsehendes Wesen.

(Talmud)

Durch den Verstand lebt der Mensch. Schreib niemals dem Körper die Lebenseigenschaften zu – dem Behälter, der jene innere Kraft umschließt. Die ganze äußere Hülle des Menschen lebt nur durch diese Verstandeskraft, ohne die sie einem Weberschiffchen ohne Weber, einem Schreibzeug ohne Schreiber gleicht.

(Marc Aurel)

30. Dezember

Wer einmal gegen ein leichtes Gebot gefehlt hat, schreckt schließlich nicht vor der Übertretung eines wichtigen zurück. Wer gegen das Gebot „Du sollst den Nächsten lieben als dich selbst" gefehlt hat, der übertritt in der Folge auch die Gebote: „Räche dich nicht; trag keine Bosheit und keinen Haß gegen deinen Bruder" – und dadurch, daß er das Gebot „auf daß dein Bruder bei dir wohne" übertritt, gelangt er schließlich bis zum Blutvergießen.

(Talmud)

31. Dezember

Jeder Mensch mit normal entwickeltem Verstande muß sich nicht so sehr darüber freuen, daß er etwas genau weiß, als vielmehr über die Erkenntnis, daß eine unverhältnismäßig größere Anzahl von Dingen existiert, von denen er noch nichts weiß.

Das Wissen ist unendlich, und der nach Meinung der Leute Allergelehrteste ist von wahrem Wissen ebenso weit entfernt, wie ein ungebildeter Bauer.

(John Ruskin)

Die Kenntnis der Lebensgesetze ist unvergleichlich wichtiger als viele andere Kenntnisse, und die Wissenschaft, die uns grades Wegs zur Selbstvollendung und Selbsterhaltung führt, ist eine Wissenschaft von allergrößter Wichtigkeit.

(Spencer)[193]

---

[193] *Herbert Spencer* [*1820] starb im Dezember 1903.

Anhang

Babylonischer Talmud, Titelblatt der Wilnaer Ausgabe,
1880 bis 1886 | commons.wikimedia.org

Tolstoi und der Talmud

(Illustrierte Zeitung für das gesamte Judentum | 1905)[1]

Eine Rezension von
Ed. Weiss

Es ist eine bekannte Tatsache, dass Leo Tolstoi vom althebräischen Schrifttum, den Büchern der Bibel, stark beeinflusst wurde. Manche Partien in seinen Streitschriften klingen an die Worte der Propheten Israels an, ebenso was die Kraft des Ausdrucks anbetrifft, wie in Bezug auf die Energie und Rücksichtslosigkeit der sittlichen Forderung auch im Völkerleben und in der Politik. Man wusste, dass Tolstoi beim Rabbiner von Moskau seinerzeit Unterricht im Hebräischen nahm, um unsere Bibel im Original lesen zu können. Dass er aber den Talmud – natürlich soweit dieser in russischen und deutschen Übersetzungen vorliegt – mit Eifer und mit Nutzen gelesen, und sich viel von ihm angeeignet hat, erfahren wir aus einem vor kurzem erschienenen Buch von ihm, unter dem Titel *„Gedanken weiser Männer"*[2]. Es ist dies eine Sammlung von Aussprüchen, Zitaten und Aphorismen großer Denker, Dichter, Gesetzgeber, Staatsmänner, Forscher und Lehrer aller Völker und Zeiten. Als Tolstoi vor zwei Jahren lange Zeit krank darniederlag und seiner gewohnten Arbeit nicht nachgehen konnte, da fand er Trost in der Lektüre guter und weiser Bücher, und was er darin am bemerkenswertesten fand, was seinem Wesen wahlverwandt war, seiner eigenen Gesinnung und Geistesrichtung am meisten entsprach, das schrieb er jeden Tag, im Krankenbette liegend, auf einzelnen Blättern nieder. So entstand gleichsam ein Spruchkalender für das ganze Jahr. Blättert man in dem anspruchslosen Büchlein, so lernt man daraus, was für Fragen und Probleme den Geist des seltenen Mannes beschäftigten und

---

[1] Textquelle | Ed. WEISS: Tolstoi und der Talmud. In: Ost und West. Illustrierte Monatsschrift für das gesamte Judentum 5. Jg., Heft 3 (März 1905), S. 209-212. [https://sammlungen.ub.uni-frankfurt.de/cm/periodical/titleinfo/2591933]
[2] Leo Tolstoi: *Gedanken weiser Männer*. Deutsch von Adolf Hess. Verlag von Albert Langen, München 1904.

welche Gedanken geistesverwandter Männer der Vorzeit auf ihn Eindruck machten und ihn zum Verweilen einluden. Die Aussprüche, die aus den entlegensten Zeiten und entferntesten Himmelszonen stammen, finden sich manchmal auf einem Blatte neben einander vereint und illustrieren und ergänzen einander in auffallender Weise. Tolstoi hat nämlich Aussprüche, die ihm den gleichen oder einen verwandten Gedanken auszudrücken schienen, nebeneinander gestellt. So kommt John Ruskin neben den Talmud, Manu neben dem Neuen Testament, Marc Aurel neben dem weisen Brahminen, Alexander von Humboldt neben einem alten Araber zu Worte. „So entsteht bisweilen ein innerer Zusammenhang zwischen Autoren, deren Anschauungen durch Welten von einander getrennt sind. Diese Zusammenstellung, die ungeahnte Ausblicke auf die Einheit des menschlichen Denkens eröffnet, konnte nur ein universeller Geist wie Tolstoi bewirken."

Es ist nun sehr bemerkenswert, dass unter den sechsundfünfzig Autoren, die Tolstoi exzerpiert hat, der Talmud am stärksten vertreten ist. Von den Sprüchen für die 365 Tage des Jahres sind nämlich nicht weniger als hundert und sieben dem Talmud entnommen. Diese enorme Ziffer wird noch dadurch erhöht, dass die Zitate aus dem Talmud meist von größerem Umfang sind und jedes von ihnen füglich in mehrere Sprüche zerlegt werden kann. Der Talmud hat offenbar auf den Weisen von Jasnaja Poljana einen starken Eindruck gemacht und seinem Geist Nahrung geboten. Der Talmud gehört offenbar zu Tolstois Lieblingsbüchern. Die Bedeutung dieser Tatsache erhöht sich noch beträchtlich dadurch, dass ihm der Talmud keineswegs in seinem ganzen Umfange bekannt ist, da ja weder in deutscher, noch weniger aber in russischer Sprache eine vollständige Übersetzung existiert. Unzweifelhaft würde Tolstoi an manchen, ihm jetzt unbekannten Aussprüchen unserer alten Weisen noch mehr Gefallen gefunden haben und er hätte sie gewiss seinem Zitatenschatz einverleibt, wenn er sie gekannt hätte.

Der erste talmudische Ausspruch, dem wir in dem Buch begegnen, ist die bekannte Sentenz aus den Sprüchen der Väter: „Beurteile deinen Nächsten nicht, bevor du in seiner Lage warst." Und es ist interessant, dass auf demselben Blatt ein Zitat aus Matthäus 7, 1–5 steht, welches nichts als eine wortreiche Homilie über eine andere, verwandte ebenfalls im Talmud befindliche Sentenz bildet, die lautet: „Ziehe zuvor den Balken aus deinem Auge, bevor du den Splitter aus dem Auge deines Nächsten zu ziehen dich unterfängst." Tolstoi, der keine vergleichende Studien getrieben hat, ahnt wohl kaum den tatsächlichen Zusammenhang zwischen den beiden Büchern, aber die Verwandtschaft des Gedankens hat er richtig herausempfunden. Auf demselben Blatt steht übrigens auch ein Zitat aus dem indischen Dhammapada, welches den gleichen Gedanken in einer etwas verschiedenen Form ausdrückt: „Es ist leicht, die Fehler anderer, aber schwer, die eigenen wahrzunehmen." Hier folgt eine längere Erörterung dieses Themas. Viel drastischer drückt das ein jüdisches Sprichwort aus: „Es ist viel leichter beim Nächsten Fehler, als bei sich selber Tugenden zu entdecken."

Eine ähnliche Analogie bietet das Wort des Talmud: „Gräm dich nicht um den morgenden Tag, denn du weißt nicht, was heute noch geschieht. Wer Brot im Korbe hat und spricht, was werde ich morgen essen, der gehört zu den Kleingläubigen. Wer den Tag geschaffen, schafft auch Speise für ihn," mit dem bekannten Vers aus dem Neuen Testament, Matth. 6, 25. Die hier enthaltenen Lehren sind den Juden so sehr ins Fleisch und Blut übergegangen, dass sie sich vielfach auch im heutigen jüdischen Sprichwort ausprägen: „Mag der sich sorgen, der keinen Gott hat auf morgen." „Der Mensch soll nicht sorgen, was sein wird morgen. Er soll lieber verrechten (gut machen), was er verdorben hat nachten (gestern)." „Wer Zähne gegeben, wird auch Brot dazu geben." Diese Gesinnung hat gleichwohl bei uns Juden weder zu einem Fatalismus noch zu einem Mönchtum geführt.

Wenn der Talmud lehrt: „Das Wesen der Liebe zu Gott besteht im Hindrängen und Hinstreben der Seele zu ihrem Schöpfer, um mit ihm in einer höheren Welt sich zu vereinen," so hat Tolstoi bei Kaiser Marc Aurel einen ähnlichen Gedanken entdeckt, der aber in viel schwächerer Form zum Ausdruck gelangt. Und wenn der Talmud befiehlt: „Sei wahrhaftig auch gegen Kinder: hast du ihnen was versprochen, so halte dein Versprechen, sonst erziehst du sie zur Lüge", so weist uns Tolstoi nach, dass John Ruskin dasselbe lehrt. In bezug auf die Bereuung der Sünden findet er eine Analogie zwischen der Lehre des Talmud und der des Dhammapada. Er notiert ferner die Lehren des Talmud über die Verwerflichkeit des Streits und die Vorzüge des Friedens und verzeichnet das geistvolle Wort: „Gott zürnt uns wegen unserer Sünden, die Menschen wegen unserer Tugenden", dem auch Seneca beistimmt, und welchem das heutige jüdische Sprichwort mit ein bisschen anderen Worten Ausdruck gibt, indem es sagt: „Vor Gott hat man Furcht, vor den Menschen muss man sich hüten", „Gott straft – der Mensch rächt sich". Ein wundervolles Wort des Talmud verzeichnet er ferner: „Nicht der ist verständig, der das Gute vom Bösen zu unterscheiden versteht, sondern wer von zwei Übeln das kleinere zu wählen weiß." Etwas Ähnliches sagte auch Wilhelm von Humboldt. Die Wichtigkeit der Tat im Leben und ihr Vorzug vor der grauen Theorie betonen der Talmud und Ruskin gleich energisch. Das Lob der körperlichen Arbeit und des Handwerks, zumal des Ackerbaues, welches der Talmud in allen Tonarten zu singen nicht müde wird, muss wohl dem Verfasser der ‚Auferstehung' [Roman, 1899] besonders zugesagt haben. Ebenso eifrig notiert er die Aussprüche unserer Weisen über die Unzulänglichkeit des menschlichen Erkenntnisvermögens, über das Wesen der Sünde, über die Gottesliebe. Man kann sich leicht vorstellen, was für einen mächtigen Eindruck auf ihn folgendes Wort machen musste: „Liebe den ewigen Gott so, dass durch dich auch andere ihn lieben," oder: „Erfülle Gottes Gebote mit Liebe. Es ist nicht dasselbe, sie aus Liebe zu Gott, oder aus Furcht vor ihm zu erfüllen." Die Demut, die Selbsterkenntnis, die Selbstverleugnung, die der Talmud lehrt, stimmen mit Tolstois eigner Lebensanschauung so sehr überein, dass er vielen diesbezüglichen Aussprüchen unserer Weisen Zitate aus seinen eigenen Werken zur Seite setzen kann.

Zur Psychologie des Gebets zitiert Tolstoi aus dem Talmud folgende tiefsinnige Aussprüche: „Wisse, dass wir zu Gott beten und ihm unser Gebet zu Füßen legen, nicht weil sein Wille der Veränderung unterliegt, sondern weil wir eben dadurch, dass wir ihn um Befriedigung unserer Bedürfnisse bitten, anerkennen, dass er die Welt geschaffen hat, dass er sich um alle bekümmert, alle ernährt und über alle herrscht, dass er alle Dinge beobachtet, die guten wie die bösen; während wir aber über den Ruhm des Herrn nachsinnen und seine Macht anerkennen, wird unsere Seele geläutert und erhoben." Und ferner: „Ein Gebet ist für jeden Redlichen die Aufklärung seiner Beziehungen zum Schöpfer, der ihm jeden Augenblick Gutes tut, die Aufklärung seines Verhältnisses zu den Menschen, seiner Pflichten gegen sie, die Kinder desselben Vaters; die Abrechnung mit sich selbst, über alle Werke und die Untersuchung seiner dunklen Vergangenheit, um sich in Zukunft vor den Fehlern und Vergehen zu hüten, die man in der Vergangenheit begangen hat."

„Die Zeit vergeht, sagt ihr gewöhnlich in ganz falscher Auffassung. Die Zeit besteht, aber ihr vergeht." So lautet ein anderer Ausspruch des Talmud, den Tolstoi verzeichnet. Es ist schade, dass ihm die Aussprüche der mittelalterlichen jüdischen Weisen, ebenso wie der der neueren Zeit unbekannt geblieben sind. Wie sehr würden ihm z. B. folgende Aussprüche des Baal-Schem zugesagt haben: „Das Böse ist nur die niederste Stufe des Guten, und der Mensch kann durch sein Handeln das Böse zum Guten wandeln." „Wer einen Bösewicht verdammt, ohne ihm zuvor die Hand zur Besserung gereicht zu haben, der verdammt sich selber." „Der höchste Lohn für die gute Tat auf Erden ist die Befriedigung, die sie gewährt." „Gott dient jedes Geschöpf auf seine Weise, der Adler in den Höhen, das Würmchen im Staub – der Mensch darf sich über diese nicht überheben." Auf jeden Fall lehrt uns das neueste Buch Tolstois, wie viel Geistesnahrung unser altes Schrifttum einem der modernsten und umfassendsten Geister der Gegenwart zu bieten vermag.

Bibliographische Übersicht zu den drei weisheitlichen Lesewerken von Leo N. Tolstoi

1. GEDANKEN WEISER MÄNNER
(Mysli mudrych ljudej na každyj den', 1903)

Russischer Text I Lew N. TOLSTOI: Mysli mudrych ljudej na každyj den' (Gedanken weiser Männer, 1903). In: PSS [Sowjetische Gesamtausgabe in 90 Bänden: Polnoe sobranie sočinenij]. Band 40, S. 67-216. Moskau 1956. [https://tolstoy.ru/online/90/40/]

Übersetzung I Leo TOLSTOI: *Gedanken weiser Männer*. Mit Genehmigung des Verfassers deutsch herausgegeben von Adolf Heß. München: Albert Langen. Verlag für Litteratur und Kunst 1904. [398 Seiten] [Vorliegende Neuedition: TFb_B017]

2. LESEZYKLUS FÜR ALLE TAGE I 1904-1906/1908

Russischer Text I Lew N. TOLSTOI: Krug čtenija (Lesezyklus, 1904-1906/1908). In: PSS [Sowjetische Gesamtausgabe in 90 Bänden, Moskau 1928-1957 ff: Polnoe sobranie sočinenij]. Band 41-42. Moskau 1957. [https://tolstoy.ru/online/90/41/] [https://tolstoy.ru/online/90/42/].

Übersetzung 1906/1907 I Leo TOLSTOI: Für alle Tage. Ein Lebensbuch. Band I. Erste vollständig autorisierte Übersetzung. Herausgegeben von Dr. E. H. Schmitt und Dr. A. Škarvan. Dresden: Verlag von Carl Reißner 1906. [572 Seiten].

Erweiterte Ausgabe der Übersetzung von ,Krug čtenija' I Lew TOLSTOI: Für alle Tage. Ein Lebensbuch. Mit einem Geleitwort von Volker Schlöndorf und einem Nachwort von Ulrich Schmid. Auf Grundlage der russischen Ausgabe letzter Hand von Christiane Körner revidierte und ergänzte Übersetzung von E. Schmitt und A. Škarvan. [Originalausgabe. München: C. H. Beck 2010]. Lizenzausgabe. Berlin: Fröhlich & Kaufmann Verlag 2018.

3. DER WEG DES LEBENS I 1910

Russischer Text I Lew N. TOLSTOI: Put' žizni (Der Weg des Lebens, 1910). In: PSS [Sowjetische Gesamtausgabe in 90 Bänden, Moskau 1928-1957 ff: Polnoe sobranie sočinenij]. Band 45. Moskau 1956. [https://tolstoy.ru/online/90/45/]

Übersetzung von Adolf Heß, 1912/2023 I Leo N. Tolstoi: Der Weg des Lebens. Ein Buch für Wahrheitssucher. Neuedition der Übertragung von Adolf Heß, 1912. Mit einer Hinführung von Holger Kuße. (= Tolstoi-Friedensbibliothek: Reihe A, Band 14). Norderstedt: BoD 2023.

Jüngere Teilübersetzung I Von TOLSTOJ: Der Weg des Lebens. In: Holger Kuße: Lev Tolstoj und die Sprache der Weisheit. Göttingen: V&R 2010, S. 115-148.

Übersicht zu den Bänden der
Tolstoi-Friedensbibliothek, Reihe A

TFb_A001 | Leo N. Tolstoi: *Meine Beichte.* Das Bekenntnisbuch in den Übersetzungen von H. von Samson-Himmelstjerna (1879) und Raphael Löwenfeld (1901). Mit einem Hintergrundtext von Pavel Birjukov. Norderstedt: BoD 2023.

TFb_A002 | Leo N. Tolstoi: *Vernunft und Dogma.* Eine Kritik der Glaubenslehre, übersetzt von L. Albert Hauff, 1891. Norderstedt: BoD 2023.

TFb_A003 | Leo N. Tolstoi: *Kritik der dogmatischen Theologie.* Gesamtausgabe, übersetzt von Carl Ritter, 1904. Norderstedt: BoD 2023.

TFb_A004 | Leo N. Tolstoi: *Kurze Darlegung des Evangelium.* Aus dem Russischen von Paul Lauterbach, 1892. Norderstedt: BoD 2023.

TFb_A005 | Leo N. Tolstoi: *Das Evangelium.* Aus der Bibelarbeit, übersetzt von Nachman Syrkin u. a., nebst Begleittexten von Käte Gaede, Nikolay Milkov und Eugen Drewermann. Norderstedt: BoD 2023.

TFb_A006 | Leo N. Tolstoi: *Worin besteht mein Glaube?* Übersetzungen von Sophie Behr (1885) und Raphael Löwenfeld (1902). Mit einer Einleitung von Eugen Drewermann. Norderstedt: BoD 2023.

TFb_A007 | Leo N. Tolstoi: *Was sollen wir denn tun?* Übersetzt von Carl Ritter (1902), mit einer Einführung von Raphael Löwenfeld. Norderstedt: BoD 2023.

TFb_A008 | Leo N. Tolstoi: *Über das Leben.* Übersetzungen von Raphael Löwenfeld und Willy Lüdtke, 1902/1929. Norderstedt: BoD 2023.

TFb_A009 | Leo N. Tolstoi: *Das Reich Gottes ist in Euch,* oder: Das Christentum als eine neue Lebensauffassung, nicht als mystische Lehre. (Christi Lehre und die Allgemeine Wehrpflicht). Übersetzung von Raphael Löwenfeld. Norderstedt: BoD 2023.

TFb_A010 | Leo N. Tolstoi: *Die Christliche Lehre.* Katechetische Schriften für Erwachsene und Kinder. Norderstedt: BoD 2023.

TFb_A011 | Leo N. Tolstoi: *Was ist Kunst?* Aus dem Russischen von Michail Feofanov (1902). Eingeleitet von Dr. Marco A. Sorace. Norderstedt: BoD 2023.

TFb_A012 | Leo N. Tolstoi: *An den Synod.* Texte zur Exkommunikation, Brief an den Klerus und Zeugnisse zum eigenen Glaubensweg. Norderstedt: BoD 2023.

TFb_A013 | Leo N. Tolstoi: *Was ist Religion?* Die Übersetzungen von Nachman Syrkin und Iwan Ostrow (1902), nebst weiteren Texten. Norderstedt: BoD 2023.

TFb_A014 | Leo N. Tolstoi: *Der Weg des Lebens.* Ein Buch für Wahrheitssucher. Neuedition der Übertragung von Adolf Heß, 1912. (Bearbeitung: Ingrid von Heiseler, P. Bürger). Mit einer Hinführung von Holger Kuße. Norderstedt: BoD 2023.

Übersicht zu den Bänden der Tolstoi-Friedensbibliothek, Reihe B

TFb_B001 I Leo N. Tolstoi: *Texte gegen die Todesstrafe*. Über die Unmöglichkeit des Gerichtes und der Bestrafung der Menschen untereinander. Mit einem Geleitwort von Eugen Drewermann. (= Tolstoi-Friedensbibliothek Reihe B, Band 1). Norderstedt: BoD 2023.

TFb_B002 I Leo N. Tolstoi: *Staat – Kirche – Krieg*. Texte über den Pakt mit der Macht und das Herrschaftsinstrument Patriotismus. Ausgewählt und neu ediert von Peter Bürger. (= Tolstoi-Friedensbibliothek Reihe B, Band 2). Norderstedt: BoD 2023.

TFb_B003 I Leo N. Tolstoi: *Das Töten verweigern*. Texte über die Schönheit der Menschen des Friedens und den Ungehorsam. Neu ediert v. P. Bürger & K. Warnatzsch. (= Tolstoi-Friedensbibliothek: Reihe B, Band 3). Norderstedt: BoD 2023.

TFb_B004 I Leo N. Tolstoi: *Wider den Krieg*. Ausgewählte pazifistische Betrachtungen und Aufrufe 1899 – 1909. (= Tolstoi-Friedensbibliothek: Reihe B, Band 4). Norderstedt: BoD 2023.

TFb_B005 I Leo N. Tolstoi: *Das Gesetz der Gewalt und die Vernunft der Liebe*. Texte über die Weisung, dem Bösen nicht mit Bösem zu widerstehen. Ausgewählt und neu ediert von Peter Bürger. (= Tolstoi-Friedensbibliothek: Reihe B, Band 5). Norderstedt: BoD 2023.

TFb_B006 I Leo N. Tolstoi: *Bei den Armen*. Texte über die Lebenswirklichkeit der Beherrschten (= Tolstoi-Friedensbibliothek: Reihe B, Band 6). Norderstedt 2023.

TFb_B007* I Leo N. Tolstoi: *Soziale Sünde und Revolution*. Texte über die moderne Sklaverei, Wege der Befreiung und den Irrweg des Blutvergießens. (= Tolstoi-Friedensbibliothek: Reihe B, Band 7). – *In Vorbereitung für April 2024.

TFb_B008 I Leo N. Tolstoi: *Über Nichtstun, Moral, Recht und Wissenschaft*. Vier kleine Schriften aus den Jahren 1893 und 1909. (= Tolstoi-Friedensbibliothek: Reihe B, Band 8). Norderstedt: BoD 2023.

TFb_B009 I Leo N. Tolstoi: *Vier Auswahlbände und Breviere 1901/1928*. Sinn des Lebens – Gott und Unsterblichkeit – Aufruf zur Bruderschaft. (= Tolstoi-Friedensbibliothek: Reihe B, Band 9). Norderstedt: BoD 2023.

TFb_B010 I Leo N. Tolstoi: *Briefe 1848-1910*. Gesammelt von P. A. Sergejenko – vollständige Ausgabe (1911), mit einem Vorwort des Übersetzers Dr. Adolf Heß (= Tolstoi-Friedensbibliothek: Reihe B, Band 10). Norderstedt: BoD 2023.

TFb_B011 I Leo N. Tolstoi: *Religiöse Briefe*. Übersetzt von Karl Nötzel – Neuedition der Ausgabe von 1922. (= Tolstoi-Friedensbibliothek: Reihe B, Band 11). Norderstedt: BoD 2023.

TFb_B012 | Leo N. Tolstoi: *Begegnung mit dem Orient*. Briefe und sonstige Zeugnisse über die Beziehungen des Dichters zu den Vertretern orientalischer Religionen – bearbeitet von Pavel Birjukov, 1925. (= Tolstoi-Friedensbibliothek: Reihe B, Band 12). Norderstedt: BoD 2023.

TFb_B013* | Leo N. Tolstoi: *Begegnung mit dem Judentum*. Briefe und andere Zeugnisse des Dichters, nebst Darstellungen von jüdischen Zeitgenossen. (= Tolstoi-Friedensbibliothek: Reihe B, Band 13). – *In Vorbereitung für März 2024.

TFb_B014 | Leo N. Tolstoi: *Grausame Genüsse*. Texte über das Leiden der Tiere, die Ernährung ohne Töten und Betäubungsmittelgebrauch. (= Tolstoi-Friedensbibliothek: Reihe B, Band 14). Norderstedt: BoD 2023.

TFb_B015 | Leo N. Tolstoi: *Die sexuelle Frage*. Eine Anthologie des Jahres 1901 – Anhang: Die Kreutzersonate; Übersetzungen von Michail Feofanov, Nachman Syrkin und August Scholz. (= Tolstoi-Friedensbibliothek: Reihe B, Band 15). Norderstedt: BoD 2023.

TFb_B016 | Leo N. Tolstoi: *Pädagogische Schriften*. Gesamtausgabe von Raphael Löwenfeld (1907/1911), zwei Teile in einem Band. Übersetzungen von Otto Buek. (= Tolstoi-Friedensbibliothek: Reihe B, Band 16). Norderstedt: BoD 2023.

TFb_B017 | Leo N. Tolstoi (Bearb.): *Gedanken weiser Männer*. Übersetzt von Adolf Heß. (= Tolstoi-Friedensbibliothek: Reihe B, Band 17). Norderstedt: BoD 2024.

———

In Vorbereitung | Reihe D

TFb_D001* | Raphael Löwenfeld: *Zwei Schriften über Leo N. Tolstoi und sein Werk*. (= Tolstoi-Friedensbibliothek: Reihe D, Band 1). – *In Vorbereitung für März 2024.

TFb_D002* | *Antisemitismus, Pogrome und Judenfreunde im russischen Zarenreich*. Quellentexte und Forschungen aus den Jahren 1877-1927. Ausgewählt & bearbeitet von Peter Bürger. (= Tolstoi-Friedensbibliothek: Reihe D, Band 2). – *In Vorbereitung für März 2024.

Dieser Band erscheint in der Reihe B des Editionsprojekts
‚Tolstoi-Friedensbibliothek' zur (Neu-)Erschließung
gemeinfreier Übersetzungen von ‚religionsphilosophischen
(theologischen) und sozialethischen Schriften'
sowie Selbstzeugnissen Leo N. Tolstois.
Über weiterführende Literatur, zu unseren Angeboten
in den einzelnen Editionsreihen A – D
sowie zum Kreis der Beteiligten (Konzeption
und Herausgeberschaft, Bearbeitung, Beratung,
Kooperationspartner*innen) informiert die Projektseite:
www.tolstoi-friedensbibliothek.de